Agnes Martens

Der Maulbeerbaum in unserem Garten

Meine Geschichte

BRUNNEN

VERLAG GIESSEN · BASEL

S. 3 Paul Celan, Winter, aus: Gedichte 1938-1944,
© Suhrkamp Verlag Frankfurt am Main 1986

Fotos S. 17, 23, 25, 41, 45, 46, 177, 191: Johann-Peter Wiebe;
alle anderen: Privat

© Brunnen Verlag Gießen 2008
www.brunnen-verlag.de
Umschlagfoto: Privat
Umschlaggestaltung: Sabine Schweda
Satz: DTP Brunnen
Druck und Bindung: GGP Media GmbH, Pößneck
ISBN 978-3-7655-1906-2

Es fällt nun, Mutter, Schnee in der Ukraine:
Des Heilands Kranz aus tausend Körnchen Kummer.
Von meinen Tränen hier erreicht dich keine.
Von frühem Winken nur ein stolzer stummer …
PAUL CELAN

Für meine Kinder und Enkel.

Ein besonderes Dankeschön an meinen Sohn
Horst Martens für die Überarbeitung des Textes.
Bedanken möchte ich mich auch bei Johann-Peter Wiebe
für seine Fotos und bei Heinrich Derksen
für Tipps zu Inhalt und Stil.

Inhalt

1 Bilder von meinem Vater

Es schneit. Dicke weiße Flocken fallen auf den hart gefrorenen Boden. Ich, Anganetha Martens, Agnes genannt, aber manchmal auch Neti oder Neta, stehe am Fenster, trage mein Sonntagskleid aus dunklem Samt mit weißem Kragen und schaue hinaus auf die weite, friedlich scheinende Schneelandschaft. Es ist Heilig Abend. Wir schreiben das Jahr 1935 und ich bin fünf Jahre alt. Zu unserer Oma wollen wir fahren, um das Familienfest zu feiern.

Die ganze Großfamilie Martens kommt zusammen. Die Kommunisten haben christliche Feste verboten. Einige Cousins und Cousinen haben Bedenken geäußert. Warum sollten wir uns noch mehr Probleme schaffen? Aber Großmama – eine sehr energische Dame – hat trotzdem darauf bestanden. Illegal werden wir feiern. Alle Kinder und Enkel sollen kommen. Wer kneift, ist ein Feigling vor dem bösen kommunistischen Feind.

Die Feier beginnt erst am Abend. Am Nachmittag müssen die Männer, sofern sie nicht schon in Sibirien im Straflager sind, in den sowjetischen Betrieben schuften. Papa wird ebenfalls später bei der Oma eintreffen.

Die gläubig gebliebenen Ukrainer feiern Heilig Abend nicht heute, sondern nach dem julianischen Kalender in Einklang mit der orthodoxen Kirche erst am 6. Januar. Dann stehen bei ihnen dreizehn Gerichte auf dem Tisch – sie symbolisieren die zwölf Apostel und Jesus. Sänger gehen verkleidet von Haus zu Haus und sammeln von den Hausbewohnern kleine Geschenke ein – entweder Geld oder Süßigkeiten. Zum Weihnachtsfest gehört auch ein Tannenbaum, der mit bunten Glaskugeln, Spielzeug, in Folie gewickelten Nüssen und Pralinen geschmückt wird. Vor dem Tannenbaum stellt man häufig Puppen auf, die

7

Väterchen Frost und seine Enkelin Snegurotschka verkörpern. Und natürlich Stiefel, in die Väterchen Frost seine Geschenke steckt.

Und wir, die gläubigen Mennoniten, eingeladen von Katharina der Großen, um das Land zu besiedeln, reich geworden, zu Großbauern geworden, unterdrückt und verfolgt von den tyrannischen Machthabern – wir werden auf unsere ganz eigene Art feiern. So denke ich damals als Fünfjährige noch nicht. Die Furcht ist aber schon da, die Angst vor dem NKWD (Volkskommissariat für Innere Angelegenheiten, die stalinistische Geheimpolizei), vor den Sowjets, der bösen Macht.

Aber was uns bei Oma erwartet, wissen wir und freuen uns umso mehr, weil es so selten vorkommt: Die bekannten deutschen Weihnachtslieder werden wir singen: „Stille Nacht" und „Oh, du fröhliche", „Kommet, ihr Hirten" und „Süßer die Glocken". Wir werden Gedichte aufsagen: „Lieber guter Weihnachtsmann" und „Pepaneet". Die Kleinen werden Weihnachtswünsche, in Reimen abgefasst, vortragen. Geübt haben sie heimlich, damit auch ja kein bolschewistischer Spion etwas mitbekommt. Dies wird das letzte große Weihnachtsfest sein, das wir mit Papa zusammen verbringen, das letzte große Familienfest überhaupt. Aber damals können wir das noch nicht wissen.

Durch die rieselnden Schneeflocken sehe ich draußen zwei Mädchen, die einen Schlitten hinter sich herziehen. „Leise rieselt der Schnee", singen sie laut. Es ist kein christliches Weihnachtslied. Aber sie singen deutsch. Noch ist Deutsch nicht die Sprache des Feindes, noch können wir uns in unserer Sprache ausdrücken. Ich erkenne Papas Schwester, meine Tante Neta, die noch nicht verheiratet ist, und Papas Nichte Ljolja, die aus dem fernen Rostow angereist ist.

Jetzt ist es so weit. Ich löse mich aus meiner Verträumtheit und rufe Peter und Emmy. Wir drei wollen mit dem Schlitten mitfahren. Schön warm werden wir auf den Schlitten gepackt, und los geht es, vorbei an vielen in Mäntel gehüllten Menschen, die wohl gerade von der Arbeit kommen. Tante Neta und Ljolja ziehen uns. Schnell verlassen wir das Dorf Einlage und schlagen den Weg nach Nordwesten ein. Nach zwei Stunden Schlittenfahrt tauchen am Horizont der weiten Landschaft die Häuser des Dorfes Neuenburg auf. In Omas Haus warten schon die ersten Gäste.

Als alle da waren, konnte die Bescherung beginnen. Auch der Weihnachtsmann kam herein. Wer sich in den braunen Nikolausmantel gehüllt und sein Gesicht mit einem struppigen schwarzen Bart versteckt hatte, weiß ich nicht. Damals wollte ich noch an den Weihnachtsmann glauben. Die Kleinen schrien und versteckten sich unter den Tischen. Ich mit meinen fünf Jahren wollte Unerschrockenheit zeigen und sagte keck mein Sprüchlein auf.

Dann setzten sich alle an die reich gedeckten Tische. Großmutter hatte sich wirklich sehr viel Mühe gemacht. Es wurde Tweeback (Doppeldecker-Hefebrötchen) und Bobbat gegessen – Brathähnchen in Hefeteig, die ich eigentlich hasste, aber ich schälte die Teigummantelung ab und genoss nur das Hähnchenfleisch –, Plumemoos geschlürft, eine Pflaumensuppe, Geschichten erzählt und viel gelacht. An die dunkle Wolke, die über unserem Leben schwebte, wollte an diesem Tag keiner denken.

Um Mitternacht waren die Geschenke begutachtet, die Napoleontorte gegessen, der Tee getrunken, das Wasser im Samowar abgekühlt. Es war Zeit zum Aufbrechen. Manche Kinder schliefen schon. Papa nahm mich auf den Arm, ich war ja so ein leichtes Wesen. Meine Mama und meine große Schwester Emmy packten meinen kleinen Bruder Peter auf den Schlitten. Dann machten wir uns auf den Rückweg und kamen zu später Stunde zu Hause an. Dieser Heilige Abend gehört zu meinen ersten und schönsten Kindheitserinnerungen. Nie wieder würde meine Kindheit so unbeschwert sein.

Die Martens stammen wohl aus Friesland. Wie viele andere mit dem Namen Friesen, Klassen, Janzen oder Dyck schlossen sie sich im 16. Jahrhundert dem friesischen Priester Menno Simons an, der sich an die Spitze der niederländischen Täufer stellte. Für ihn und seine Mitstreiter war fortan das Neue Testament die einzige Autorität. Sie entrichteten keine Steuern, schworen keinen Eid, leisteten keinen Kriegsdienst. Dafür wurden Mennos Gefolgsleute erst gefoltert und verbrannt, später schikaniert und von ihren Höfen gejagt. Viele flohen. 1683 segelten dreizehn Familien aus Krefeld mit der „Concord" nach Amerika. Auf dem neuen Kontinent gründeten sie die Siedlung Germantown. Es waren die ersten Deutschen in Amerika. Und die ersten, die 1688 gegen den Sklavenhandel protestierten. Etwa 100.000 Deutsche – unter ihnen viele Mennoniten – folgten ihnen.

Unsere Wurzeln

Schon hundert Jahre zuvor waren viele Mennoniten aus Friesland ins Danziger Werder eingewandert. Im Weichseldelta konnten sie in Frieden leben, der Große Kurfürst und später der preußische König Friedrich der Große gewährten Religionsfreiheit. Außerdem fanden sie mit dem Ackerbau und der Milchwirtschaft ähnliche wirtschaftliche Voraussetzungen wie in Holland vor. Die westpreußischen Mennoniten legten die Sumpfgebiete an der Weichsel trocken, erfanden das Danziger Goldwasser und die Seilbahn und zeugten viele Kinder, sodass das Land knapp wurde, weshalb tausend von ihnen im Jahre 1788 der Werbung von Katharina der Großen folgten und in die Ukraine auswanderten. Nordwestlich der Dnjepr-Insel Chortiza in der Nähe des heutigen Saporischschja, damals Alexandrowsk, schlugen sie ihre Zelte auf. Von dieser Insel bekam die gesamte Kolonie ihren Namen.

In den nächsten Jahren kamen weitere Siedler – bis 1797 sollten insgesamt etwa vierhundert Familien von Westpreußen nach Russland kommen. Anfang 1803 folgte eine zweite Einwanderungswelle aus Westpreußen. Diese Siedler gründeten die Kolonie Molotschna. Die weiten, kahlen Flächen in der Ukraine erfreuten zunächst nicht das Mennonitenherz, aber bald hatten die geschickten Bauern heraus, was in der schwarzen Erde am besten gedieh: Weizen.

Einundzwanzig Dörfer entstanden in der Siedlung Chortiza. Mein Heimatdorf Einlage, am Dnjepr gelegen und von den Russen Kitschkas genannt, wurde 1789 angelegt. Die Gründer wählten den Namen „Einlage" nach dem gleichnamigen Dorf in Westpreußen. Es würde also für immer eine Erinnerung an die alte Heimat sein. Die Siedlung schmiegte sich in eine Krümmung des Dnjepr, so wie Alt-Einlage, dem Namen entsprechend, in einer Windung der Weichsel „einlag". Die Chronisten erzählen, dass sich hier einundvierzig Familien niederließen, in einer Niederung, die von Eichen, wilden Birnen und Weiden bewachsen war. Einlage erlebte eine abwechslungsreiche Geschichte. Zweimal wurde es vom Erdboden gelöscht, zweimal versank es in den Fluten, zweimal wurde es neu aufgebaut:

1845 konnte der „Wolfsrachen", eine Verengung des Dnjepr mit felsigen Ufern, die große Menge an Hochwasser und Eis nicht mehr fassen. Das Wasser stieg schnell an und überschwemmte alles. Die Siedler konnten nur einen Teil ihrer Habe retten. Das „zweite" Einlage war ein Dorf des Wohlstands, es entwickelte sich zu einem Industriedorf mit Fabriken für landwirtschaftliche Maschinen und Manufakturhandlungen. Reiche Leute bauten hier ihre Villen.

Dann kamen der Erste Weltkrieg, der Bürgerkrieg und die Revolution. Die Kommunisten verjagten die Einwohner und richteten im Dorf ein Konzentrationslager für politische Gefangene ein.

Im Herbst 1918 tauchten die Machnowzen auf, eine wilde Horde von Banditen, die sich als Anarchisten bezeichneten. Ihr Anführer war der ukrainische Anarchist Nestor Machno, der heute noch auf verschiedenen deutschen Homepages verehrt wird. In einem Mennonitenhaus in Einlage richtete er sein Büro ein. Machno und seine Anhänger töteten auf grausamste Weise tausende unschuldige Menschen. In einer Nacht wurden im Dorf Eichfeld einundachtzig Männer und vier Frauen ermordet. In einem anderen Fall schlugen die Machnowzen in Abwesenheit des Vaters acht Familienmitgliedern die Köpfe mit Säbeln ab und bauten die Köpfe der Reihe nach auf einem Schrank auf, um den Vater, wenn er nach Hause kam, auf schändliche Weise zu erschrecken. Noch viele Jahrzehnte später habe ich erfahren, wie mein Schwiegervater jede Nacht schreiend und schweißgebadet aus einem Alptraum erwachte, in dem Machno ihm immer noch zusetzte.

Ende der 1920er-Jahre war Einlage wiederum das Opfer einer Überschwemmung – diesmal einer gewollten. Die UdSSR-Oberen ließen ein Kraftwerk am Dnjepr bauen, und zwar ein paar hundert Meter unterhalb unseres Dorfes. Der Wasserspiegel wurde durch dieses Großbauwerk um 30 Meter angehoben, und Einlage versank wiederum im Wasser. In kurzer Zeit errichteten die Bewohner auf einer nahe gelegenen Anhöhe das dritte Dorf, das im Oktober 1927 eingeweiht wurde. Dort bin ich geboren und aufgewachsen. Durch den Bau von großen Fabriken, in denen Arbeiter unterschiedlicher Völker arbeiteten, verlor Einlage das Gesicht eines mennonitischen Dorfes. Plattdeutsch, die Mennonitensprache, hörte man nur noch selten. Russisch entwickelte sich zur Umgangssprache.

Sie kamen nachts

In den ersten Jahren der Kindheit bleiben nicht viele Erinnerungen haften. Und weil mein Papa mir schon so früh weggenommen wurde, muss ich in meinem Gedächtnis kramen, um Bruchstücke zu entdecken, die mir sein Gesicht wieder vor Augen führen. Da wir später auf der Flucht nur unser nacktes Leben retten konnten, habe ich auch keine Fotos von ihm, Heinrich Martens.

Aber in den 1960er-Jahren habe ich meinen Vater wiederentdeckt. In dem Bildband von Walter Quiring und Helen Bartel: „Als ihre Zeit erfüllt war" (1964) über die Russlandmennoniten ist auf Seite 43 rechts unten ein kleines Foto abgebildet, das den Friedhof von Einlage zeigt. Ganz rechts sitzen zwei in Mäntel gehüllte Männer mit Mützen auf dem Kopf. Unter dem Bild heißt es: „Links: Heinrich Wiens, langjähriger Kirchhofpfleger, rechts Heinrich Martens, Vorsitzender der Geologischen Kommission." Von Bekannten habe ich mir bestätigen lassen, dass es sich tatsächlich um meinen Papa handelt. Ich wusste, dass mein Vater ein Gelehrter war, dass er sich mit geologischen und archäologischen Dingen befasste, aber was genau er machte, habe ich nie in Erfahrung gebracht. Zu blass und zu ungeordnet sind meine Erinnerungen aus dieser Zeit. Meine Mutter war seine zweite Frau, nachdem die erste gestorben war. Sie hatte nur eine geringe Schulbildung und sich nie einen Einblick in die Studien ihres Mannes verschafft.

Emmy und Peter waren die Geschwister, mit denen ich aufwuchs. Papa hatte aus seiner ersten Ehe eine Reihe von Kindern, die mittlerweile alle erwachsen und aus dem Haus waren. Ich kannte sie nur oberflächlich. Einige von ihnen haben schlimme Schicksale erlitten. Zum Beispiel Kornelius, der mit seiner Frau im Kaukasus lebte. Er war ein leidenschaftlicher Jäger. Als er zu Beginn des Winters 1941 auf der Pirsch war, musste er auf einer notdürftigen Brücke aus Brettern einen Fluss überqueren. Auf dem Rückweg am späten Nachmittag waren die Bretter verschwunden. Kornelius entschied sich dafür, den Fluss schwimmend zu durchqueren. Dieses Wagnis kostete ihn das Leben.

Heinrich, mein ältester Bruder, war auch längst aus dem Haus. Bei der Großen Säuberung 1937 wurde er auch „genommen", wie man das damals umschrieb, das heißt er wurde von der Geheimpolizei verhaftet und ins Gefängnis geworfen. Nach einigen Monaten kam er frei und traf bei uns zu Hause ein, vollkommen verlaust, verschmutzt und ausgehungert. Meine Mutter, die seine Stiefmutter war, stellte ihm heißes Wasser für ein Bad hin, saubere Kleidung und danach eine warme Mahlzeit. „Danke, Mama", sagte er. Es war das erste Mal, dass er sie mit „Mama" ansprach. Später waren er und seine Schwester Leni Lehrer im Kaukasus. In den Wirren des Zweiten Weltkriegs sind sie verschollen.

Meine Halbbrüder Heinrich und Hans

Hans hingegen wohnte in Stalingrad. Eines Tages, als die deutsche Wehrmacht die Stadt einschloss, schrieb er einen Brief an Leni und Heinrich, der tatsächlich das Ziel erreichte. Nur vier Worte standen darauf: „Ich habe großen Hunger." Seine Geschwister schickten ihm ein Lebensmittelpaket. Ob es angekommen ist, weiß niemand. Der Zettel war das letzte Lebenszeichen von Hans.

Weil wir, als der letzte noch verbliebene Kern der Familie, selbst schlimme Zeiten erlebten, weil ich damals noch nicht mal im schulfähigen Alter war, konnte ich vieles nicht richtig einordnen und verstehen. Vieles Schwere habe ich wohl auch verdrängt, selbst wenn es meinen eigenen Geschwistern zustieß.

Gut behalten habe ich Sachen, die eigentlich unwichtig waren. Ich weiß noch, dass Papa einmal seinen freien Tag hatte und mit Mama aufs Feld gehen wollte, um Kartoffeln auszugraben. Hinter unserem Haus erstreckte sich ein großer Blumen- und Obstgarten, aber für Kartoffeln reichte es dort nicht. Deshalb hatten wir ein Stück Land gepachtet, auf dem wir Kartoffeln und Gemüse für den Winter anbauten. Neblig und kalt war es an diesem Tag. Der Herbst hatte schon das Regiment übernommen.

Papa griff nach Spaten und Wägelchen und wollte sich auf den Weg machen. Peter, mein Brüderchen, wollte unbedingt mit. Er war ein schwieriges Kind, was vor allem an seiner leichten geistigen und körperlichen Behinderung lag. Ein Jahr und sieben Monate jünger war er als ich. Ich musste immer mit ihm spielen und auf ihn aufpassen. Er glaubte, er müsse überall seinen Willen durchsetzen. Wer wollte ihm schon etwas abschlagen, wo er doch so benachteiligt war.

„Peuta, du blifst tuus in woamst di aum Owe", machte Papa ihm auf Plattdeutsch klar. „Peter, du bleibst zu Hause und wärmst dich am Ofen." Peter schrie und krakeelte so laut, dass wir uns die Ohren zuhalten mussten. Da rutschte Papa die Hand aus, und mein kleiner Bruder bekam ein paar hintendrauf.

Wahrscheinlich kann ich mich daran so deutlich erinnern, weil mein Vater sonst nie die Selbstbeherrschung verlor. Möglicherweise habe ich mich auch gefreut, dass meinem Bruder mal die Grenzen gezeigt wurden. Ja, Heinrich Martens war ein sanfter Mann im Vergleich zu den strengen Familienvätern rings um uns herum.

Als ich eines Tages Grippe bekam, machte Mama unter dem Kirschbaum ein Bett für mich. Die Sonne stach heiß vom Himmel, aber unter dem Kirschbaum wehte ein kühles Lüftchen, das meine Fiebertemperatur angenehm senkte. An schwülen Tagen wie diesem war es draußen angenehmer als drinnen, wo sich die Hitze staute.

Einmal, als Papa von der Arbeit nach Hause kam, brachte er mir ein Bonbon mit, das eine längliche Form hatte und in himmelblaues Papier eingewickelt war. Das Papier, auf dem zwei spielende Kätzchen abgebildet waren, war mit der Aufschrift „Kis-Kis" versehen. Ich faltete das Blatt sorgfältig zusammen und bewahrte es lange unter meinem Kopfkissen auf. Wie die Süßigkeit schmeckte, weiß ich nicht mehr. Schönes war äußerst selten, Luxus gab es so gut wie nie. Aber den größten Wert hatte das Papier dadurch, dass das Bonbon ein Geschenk von Papa war.

Bei einer anderen Gelegenheit machten wir einen Ausflug auf die Insel Chortiza am Dnjepr. Wir lagen am Strand und amüsierten uns, als mir plötzlich schlecht wurde. Papa kam, hob mich hoch und trug mich in eine kleine Russenhütte, wo es mir nach ein paar Minuten wieder besser ging.

Diese Erlebnisse mit meinem Vater sind kleine Episoden, die wie unscharfe Einblendungen in einem Film auftauchen und wieder verschwinden. Die genaueste Erinnerung an meinen Vater ist die traurigste und zugleich letzte.

An einem der wenigen beschaulichen Tage

Es war Herbst, an einem Abend vor Papas freiem Tag. Er kam von seiner Arbeit nach Hause, aß etwas und sagte Mama, er wolle nach Neuenburg gehen, um Ableger von Sträuchern zu holen, die er vor dem Frost im Garten einpflanzen wollte. Neuenburg war zehn Kilometer von Einlage entfernt, also etwa zwei Stunden zu Fuß. Er würde bei der Schwiegermutter übernachten und erst am nächsten Tag, seinem arbeitsfreien Tag, zurückkehren.

Nach dem Abendessen gingen wir alle früh ins Bett. Ungefähr um vier Uhr nachts weckte Mama mich und meine ältere Schwester Emmy und sagte, sie habe einen bösen Traum gehabt, in dem die russische Geheimpolizei unseren Papa abholte. Sie war so erschüttert, weil sie die Gewissheit hatte, dass sich dieser Traum erfüllen würde.

Mama war in diesen Zeiten des Staatsterrors gewiss nicht die Einzige, die von Albträumen heimgesucht wurde. Viele Frauen hatten schon ihren Mann verloren, denunziert von einem Menschen, der ihm etwas neidete, sich einen Vorteil davon erhoffte oder einfach nur von den Schergen unter Druck gesetzt worden war. In Sibiriens Straflagern warteten tausende Ehemänner, Familienväter, Söhne auf ihre Entlassung – oder auf den Tod.

„Papa hat noch keine warmen Sachen für den Winter", sagte Mama, „wir müssen schnell etwas für ihn vorbereiten." Nach einer Sekunde des Überlegens hellte sich ihr Gesicht auf: „Emmy und Agnes, könnt ihr euch von euren Kopftüchern trennen?" Ich schaute erst meine Schwester an und dann meine Mutter. Wir hatten die dunkelbraunen Kopftücher, mit einem Rosenstrauß aus Seidengarn verziert, erst vor ein paar Tagen erhalten, sie sollten in der Winterkälte unsere Ohren schützen. Warum sollten wir sie abgeben? Sollte Papa mit einem Kopftuch durch die Gegend laufen? Und überhaupt: Hatte das Ganze nicht auch Zeit bis morgen?

„Mit den wollenen Tüchern kann sich Papa die Füße einwickeln", meinte Mama, „und bis morgen haben wir wirklich nicht Zeit. Es kommt auf jede Sekunde an." Emmy und ich schauten uns verständnislos an. Aber Mama war sich sicher: „Noch heute Nacht wird der NKWD an unsere Tür klopfen."

So trennten Emmy und ich, noch im Bett sitzend, den Rosenstrauß aus den Kopftüchern, während Mama eine Tasche mit Kleidung und Essen packte.

Kaum waren wir fertig, da hörten wir auch schon ein Auto auf der Straße. Autos zu später Nacht verhießen nichts Gutes: Geheimpolizei, NKWD, der Schrecken des Landes. Der Wagen hielt tatsächlich vor unserem Haus. Es klopfte. Mama öffnete die Tür. Drei Männer traten ein und verlangten das Hausbuch, in das jeden Abend eingetragen wurde, wer im Hause nächtigte, wer fehlte und wer sich hier als Gast aufhielt. Der Staat wollte alles wissen. Unsere Familie war ja von vorneherein verdächtig. „Kulaken", wie die Großbauern genannt wurden, Staatsfeinde, Gläubige. Die Männer überprüften die Eintragungen und fragten: „Wo ist Heinrich Martens?" „Na, das wissen Sie doch", antwortete Mama schnippisch.

Wie gut sie informiert waren, zeigte die nächste Frage, die natürlich nur rhetorisch gemeint war: „Wie weit ist Neuenburg von Einlage entfernt?" Wir hatten Neuenburg nicht erwähnt. Sie wollten uns zeigen, dass sie über jeden unserer Schritte Bescheid wussten. „Wenn ihr das nicht wisst, wie soll ich es wissen?", antwortete Mama so spöttisch, dass uns Kindern noch unheimlicher wurde. So war sie, vor Staatsverbrechern kuschte man nicht.

Die Agenten antworteten nicht, drehten auf dem Absatz um und verließen das Haus. Das Auto nahm den Weg nach Neuenburg, wie wir deutlich hörten.

Wir sagten kein einziges Wort. Erst Anjutas Weinen durchbrach die schreckliche Stille. Anjuta war das kleine Schwesterchen, das Mama erst vor Kurzem geboren hatte. Ein langes Leben war Anjuta nicht vergönnt. Mit zwei Jahren starb sie nach einer Masernepidemie an Hirnhautentzündung. Jetzt weinte sie, weil wohl auch sie die Totenstille als unheimlich empfand. Auch Peter weinte, nein, er schrie. Mama nahm Anjuta aus dem Bett und tröstete sie, und während sie noch mit ihren Händen den Kopf des Babys streichelte, meldeten sich die Totmacher wieder an der Tür. Sie waren in Windeseile aus Neuenburg zurückgekehrt und hatten Papa mitgebracht.

Jetzt legten sie ein ganz anderes Verhalten an den Tag. Waren sie zuerst kalt und hämisch gewesen, schrien sie nun wie von Sinnen auf uns ein, brüllten Befehle, forderten uns auf, uns an die Wand zu stellen. Ein Mann baute sich drohend vor uns auf und legte sein Gewehr an. Wollten sie uns hier im Haus exekutieren? Hatten sie etwa Angst, dass eine Frau mit ihren Kindern ihnen gefährlich werden konnte? Aber es war wohl bloße Einschüchterung. Allerdings – auch wenn sie jeden von uns abgeknallt hätten, wären sie dafür nie zur Rechenschaft gezogen worden. Im Gegenteil, vielleicht wären sie mit einer besonderen Auszeichnung dekoriert worden.

Auf der Suche nicht so sehr nach kompromittierendem Material als vielmehr nach wertvollen Dingen durchwühlten sie das ganze Haus. Nahmen teure Gemälde von der Wand und wertvolle Bücher aus den Regalen. Mitgehen ließen sie auch einen Stapel Manuskriptpapier. Vielleicht wollten sie darin nach

Beweisen für Papas „antisowjetische Einstellung" suchen. Bekannte haben das Papier später auf einem Markt entdeckt. Die Marktfrauen packten ihren Fisch damit ein.

Papa durfte sich noch verabschieden. Wie versteinert standen wir da, reichten ihm wortlos die Hand. Sogar Peter schwieg vor Angst. Noch einmal schaute Papa seinen Kindern und seiner Frau tief in die Augen. Dann zerrten die Henkersknechte ihn hinaus. Wir haben ihn nie mehr gesehen.

Dies geschah im Oktober 1936. Unsere Familie war längst nicht die einzige in unserem Dorf, die Stalins Terror zum Opfer fiel. Einige traf es besonders hart: Bauer Heinrich Rempel verlor vier Söhne und zwei Schwiegersöhne an den NKWD, Witwe Susanne Braun vier Söhne und zwei Schwiegersöhne, Prediger Johann Rempel vier Söhne. Bis 1941 wurden 157 Männer und neun Frauen aus unserem Dorf nach Sibirien verbannt (siehe Gerlach, Die Russlandmennoniten. Ein Volk unterwegs, Kirchheimbolanden 1992, S. 79).

Niemand, der sich am Abend zum Schlafen niederlegte, konnte sicher sein, dass er am nächsten Tag noch in seinem Bett aufwachte. Die Spitzel saßen überall. Niemand traute irgendjemandem. Hatte der neidische Nachbar zu viel erzählt, wollten die russischen Mitbewohner den „Nemuzy", den Deutschen, verleumden? Aber die örtlichen NKWD-Leute mussten einfach nur Quoten erfüllen. Von Moskau bekamen sie die Kontingente vorgeschrieben, wie viele sie verhaften, wie viele sie erschießen sollten. In den meisten Fällen wurden den Verhafteten vorgefertigte Geständnisse vorgelegt, in die nur noch ihr Name eingetragen werden musste.

Die „Große Säuberung" hatte begonnen, gegen alle „antisowjetischen Elemente" und „konterrevolutionären Kräfte" – und das waren automatisch alle ehemaligen Großbauern und willkürlich zu solchen Deklarierten, vermeintliche Anhänger des Zarismus, „Spione", Priester, Mönche, kirchliche Laien, ganze Völker der Sowjetunion.

Wissenschaftliche Untersuchungen haben ergeben, dass auch viele dem Terror unterlagen, die eigentlich zu den Anhängern des Kommunismus gehörten: Arbeiter, kleine Leute, engagierte Kommunisten. Stalin ließ nicht nur seine vermeintlichen politischen Gegner in Schauprozessen aburteilen – darunter zahlreiche ausländische Kommunisten, die in der Sowjetunion lebten oder vor Verfolgung dorthin emigriert waren –, sondern auch Menschen, die mit Politik nichts zu tun hatten. Die Todesmaschinerie funktionierte. Viele Millionen Menschen sind bei der „Großen Säuberung" ums Leben gekommen.

2 Wenn die Stare kamen

Das Leben ging weiter, auch als unser Vater nicht mehr bei uns war. Eine wunderbare Mutter machte uns die Kindheit so schön wie möglich.

Frühling! Von den Dächern tropfte der schmelzende Schnee. Überall bildeten sich kleine Bäche. Im Garten blühten die ersten Schneeglöckchen. Am frühen Morgen, wenn wir in die Schule gingen, war die verbliebene Schneedecke noch hart gefroren. Auf dem Rückweg von der Schule gluckste und blubberte das Wasser schon unter der hauchdünnen, brüchigen Schneekruste. In den Ohren von uns Kindern klang das wie Musik. Was machte es schon aus, wenn die Füße nass und kalt vom matschigen Schnee waren und die Hände ganz rot gefroren von all den Talsperren, die wir gebaut hatten? Die Sonne schien über Gute und Böse und wärmte Hände, Füße und Herzen.

„Wenn die Stare kommen, dürft ihr barfuß laufen", versprach Mama. Sie entdeckte die schwarzen Vögel, wenn sie sich in den Nistkästen an den Häusern niederließen. Wenn sie dann rief: „Die Stare sind da!", sprangen wir aus dem Bett, schlüpften in die Kleider und rannten hinaus, um die Frühlingsboten willkommen zu heißen. Aber leider mussten wir dann gleich wieder zurück, um Schuhe anzuziehen, denn die Erde ließ sich von den Staren nicht beeindrucken und zeigte sich immer noch von ihrer frostigen Seite.

In unserem Garten lagen zwei große, wärmespeichernde Steine. Papa hatte sie dort dekorativ platziert. Direkt vom Ufer des großen Flusses Dnjepr hatte er sie geholt. Sobald sich im Frühjahr die Sonne zeigte, besetzten wir diese angenehm warmen Plätze. Auch im Herbst, wenn die Äpfel und Birnen reiften, ließen wir uns gern auf den glatten Steinen nieder. Im Sommer nicht, da waren sie zu heiß.

*So ähnlich sahen die Häuser der Mennoniten auch bei uns
damals aus*

Es war ein wunderbares Land, die Ukraine, mit seiner frucht-
baren, dunklen Erde, die von den Ukrainern selbst „tscher-
nosem“, „schwarz“, genannt wird. Der Geruch von Lehm er-
füllte die Luft. Die sanft gewellte Landschaft erstreckte sich bis
zum Horizont. Vor allem Getreide baute man an, so viel, dass
die Ukraine der Brotkorb Europas genannt wurde. Außerdem
gediehen Zuckerrüben, Kartoffeln, Sonnenblumen, Mais, Rote
Beete, Kohl, Auberginen, Kürbisse, Gurken und Melonen.

In unserem Garten blühte es bis in den Herbst, wenn der
erste Frost kam. Nach den Schneeglöckchen zeigten sich Tulpen, Mairöschen, Flieder, Lilien und verschiedene Rosen von
ihrer besten Seite. Wenn dann noch die Obstbäume ihre volle
Blütenpracht entfalteten, die Kirschbäume ganz weiß und die

Apfelbäume in hellem Rosa, war das eine Pracht, die uns schier blendete.

Und dazwischen wir Kinder, die Ostereier suchten. Nicht immer war das Wetter verlässlich. An einem Osterfest hatte es geschneit, und wir mussten die Eier im Haus suchen. Wir hatten das Gefühl, es sei gar nicht Ostern.

Jede Jahreszeit hatte ihre Attraktionen. Im Sommer durften wir im nahen Dnjepr baden – aber niemals allein, immer nur zusammen mit den älteren Geschwistern.

Leben auf dem Dorf

Hinter unserem Garten breitete sich eine große, grüne Wiese aus, durch die ein Bächlein floss. In diesem kleinen Gewässer haben wir noch häufiger gebadet als im großen Fluss, denn dort konnten wir ohne geschwisterliche Aufpasser herumtollen. Nur an einer Stelle war das Bächlein etwas tiefer, dort hatten die Dorfjungen sich ein Sprungbrett gebaut. Kein Mädchen traute sich, da runterzuspringen. „Angsthasen", hänselten die Jungen, worauf ich auf das Sprungbrett kletterte, die Augen schloss und sprang … und beinahe ertrunken wäre, weil ich noch nicht schwimmen konnte. Gerettet wurde ich ausgerechnet vom größten Lästerer. Welche Schande!

Im Sommer gab es jede Menge Obst zu pflücken: Kirschen, Aprikosen, Pflaumen. Unser Garten war ein richtiges Obstparadies. Aber jedes Paradies hat seine Schattenseiten: Wir mussten dabei helfen, Obst zu trocknen. Die Früchte mussten halbiert, entkernt und auf dem Blechdach in Reihen gelegt werden. Das war eine Riesenarbeit. Doch für den Winter hatten wir dann genügend Trockenobst. Wenn alle Zeichen auf Regen deuteten, mussten wir hinauf aufs Dach – das allerdings nicht sehr schräg war – und das Obst einsammeln. Wenn es notwendig war, auch mitten in der Nacht. Und wenn am nächsten

Der Dnjepr bei Chortiza

Morgen wieder die Sonne schien, stiegen wir erneut hinauf, um das vor dem Regen eingesammelte Obst wieder schön in Reih und Glied auszulegen.

Einmal habe ich mich aus dem Staub gemacht und bin zu unseren Nachbarn gegangen. Sie hatten eine Tochter, die ein Jahr älter war als ich. Das Mädchen musste seinen Eltern nie helfen, es war ein Einzelkind. Gerade hatten wir mit einem Spiel begonnen, da rief Emmy, meine Schwester: „Agnes, wenn du nicht gleich helfen kommst, sag ich es Mama." Ich tat so, als ob ich nichts gehört hätte. Als sich aber meine Mutter meldete, lief ich schnell zurück an die Arbeit. Ungehorsam gegen Mama gab es fast nie. Denn das wussten wir, Mama tat alles für uns. Sie behandelte uns zwar sehr streng, aber mit großer Liebe.

Leider hatten wir sie oft nicht bei uns, denn sie musste das

Geld für die Familie verdienen. Sie war Hilfskrankenschwester in einem Krankenhaus in Saporischschja, siebzig Kilometer südlich von Dnipropetrowsk. Mit der Straßenbahn fuhr sie über den Dnjepr. Die Gleise führten über den großen Staudamm. Dann musste sie noch einmal umsteigen und danach eine ziemlich lange Strecke zu Fuß gehen. Um vier Uhr nachmittags verließ sie unser Haus. Sie wählte immer den Nachtdienst, so konnte sie tags bei uns bleiben und die Hausarbeit machen. Jede zweite Nacht hatte sie frei. Aber sie war ja nach dem Dienst auch erst vormittags um elf Uhr wieder zu Hause, denn jedes Laken, jeder Kissenbezug, jedes Handtuch musste gezählt und übergeben werden.

Ich kann mich noch an die Zeit erinnern, als sie mit der Arbeit angefangen hatte. Tätig war sie in der Abteilung für Schwerkranke. Das war die schwierigste Aufgabe, die man an Hilfskrankenschwestern vergab. Mama hatte keine große Auswahl, sie musste nehmen, was angeboten wurde. Anfangs konnte sie dort nie genug essen, weil sie immer den Krankenhausgeruch nach Chlor und Desinfektionsmitteln in der Nase hatte. Schlafen konnte sie auf der Station auch nicht gut, weil sie das Stöhnen der Kranken hörte. Aber mit der Zeit gewöhnte sie sich an diese besonderen Bedingungen. Sie machte nebenbei noch Pflegekurse mit und wurde dann Krankenschwester.

Obwohl sie sehr tüchtig und stark war, litt sie immer unter großer Angst. Denn die Willkür des Sowjetregimes war allgegenwärtig. Am Ausgang lag ein dickes Buch auf dem Tisch, in dem jeder entlassene Patient Lob oder Tadel notieren konnte. In all den Jahren, in denen sie dort gearbeitet hat, hat sie nur Lob erhalten, und sie wurde darüber hinaus vom Krankenhaus prämiert. Aber andauernd unter dieser Angst zu leben, muss schlimm gewesen sein.

Ständig wurde sie auch im NKWD-Büro vorgeladen, wo sie wegen Papa verhört wurde. Auch Nachbarn wurden herbeizitiert, die Schlechtes über Mama aussagen sollten. Aber alle schwiegen. Ständig lebten wir mit der Angst, dass die „böse Macht" uns auch noch unsere Mutter nehmen würde.

Genährt wurde unsere Angst von Vorfällen in der Nachbarschaft, wo die Spitzel in einer Familie zuerst den Vater abholten und nachher auch die Mutter. Die zwei Töchter kamen in ein Erziehungsheim. Gott hat uns unsere Mutter erhalten. Warum wurden wir verschont und die vielen anderen nicht? Sehr vieles, was in dieser Zeit geschah, verstanden wir nicht.

Trotz der vielen Belastungen versuchte Mama uns mit den verbliebenen Möglichkeiten eine schöne Kindheit zu bereiten. Obwohl sie durch ihren Dienst im Krankenhaus nur jede zweite Nacht ausschlafen konnte, schaffte sie von früh bis spät. Im Frühjahr grub sie den Garten um, im Sommer erntete sie das viele Obst, das sie dann einmachte, trocknete oder zu einer leckeren Marmelade verarbeitete.

Da unser Brunnen eingefallen war, mussten wir das Wasser für den täglichen Bedarf aus einer Schöpfstelle holen, die schräg gegenüber auf der anderen Seite der Straße lag. Dort wohnte ein altes Ehepaar, dessen Namen ich sogar behalten habe: Sie hießen Loginow. Ihre einzige Tochter, eine Ärztin, lebte mit ihren Kindern im weit entfernten Leningrad. Im Sommer kam sie mit den beiden Enkeln, um Urlaub bei ihren Eltern zu machen.

Mama unterstützte dieses Ehepaar, dessen Wasserstelle wir benutzen durften. Sie half beim Wäschewaschen, bei der Obsternte und bei den vielen Dingen, die täglich anfielen. Es waren nette Menschen, obwohl sie Kommunisten waren – eine Spezies, die wir sonst nicht schätzten, weil sie uns zuerst unser Eigentum und dann Bruder und Vater geraubt hatten. Nicht zuletzt bei den Loginows sahen wir, dass nicht alle Kommunisten Unmenschen waren.

Im Winter, wenn die Pumpe bei den Loginows zugefroren war, versorgten wir uns mit selbst hergestelltem Wasser. Der Garten lag tief unter weißem, sauberem Schnee, den wir zu großen Haufen türmten. Dann bauten wir diese Hügel ab, schleppten den Schnee in die Küche und füllten damit die zwei großen Kessel, die auf dem Herd standen. In dieser Zeit waren wir wassermäßig gesehen autonom, was allerdings nur bis zum Tauwetter anhielt. Dann mussten wir wieder Wasser schleppen, was ein scheußliches Unterfangen war, denn die Straßen waren entweder noch glatt oder matschig wie ein Morast.

Den Winter hießen wir Kinder immer mit großer Freude willkommen. Die Gartenarbeit war abgeschlossen, Mama blieb im Haus und nahm sich an den langen Abenden Zeit für uns. Im Ofen knisterte es, die Wärme breitete sich aus, vergessen waren alle Sorgen und Nöte. Der Ofen stand in der Küche, von wo aus er befeuert wurde. Die sich um die Küche gruppierenden Räume waren durch Röhren verbunden. In den Wänden waren kleine Eisenklappen eingelassen. Wenn sie geöffnet wurden, strömte die Wärme angenehm in den Raum. Entlang der von den Röhren angewärmten Wände standen ausziehbare „Schlafbänke" aus Holz, teilweise wunderschön gedrechselt, auf denen man sich niederlassen konnte, um den Rücken zu wärmen. Für Gäste wurden sie ausgezogen und zu einer Schlafstätte hergerichtet.

Beliebter als die Schlafbank war die Ofenbank, die direkt am Kamin stand. Wie oft haben wir dort gesessen mit unserer Mama und zugehört, wie sie uns Geschichten von früher erzählte. Sie hatte das Talent, uns Vergangenes vor Augen zu führen. Wie der Weihnachtsmann – oder Väterchen „Frost", wie er bei den Russen heißt – durch die Straßen ihres Dorfes stapfte und mit der langen, dicken Kette rasselte, um die unartigen Kinder zu warnen. Wie sich alle verkrochen, wenn der grimmige Mann das Haus betrat und rief: „Sind die Kinder artig?" Wie dann aber ein Kind nach dem anderen schüchtern aus der Ecke kam und seine Hand ausstreckte, um Pfeffernüsse und Äpfel entgegenzunehmen, deren Duft sich schon durch den Sack hindurch ausgebreitet hatte.

Mama erzählte von den Papierbogen, auf denen die Kinder ihre Wünsche niedergeschrieben hatten. Auf den Rändern dieser Bögen klebten Weihnachtsmotive mit den Sprüchen, die sie vom Lehrer bekommen hatten, um sie den Eltern vorzutragen. Mutters Geschichten klangen wie Märchen aus längst vergangener Zeit, denn wir kannten diese schönen Bräuche nicht, das kommunistische Regime hatte sie ausgerottet. Wir konnten nie genug bekommen und baten unsere Mutter immer noch um eine weitere Zugabe: „Bitte, erzähl noch mehr von früher!" Wir gaben erst nach, wenn Mama aufstand und resolut durchgriff: „Genug für heute, ins Bett mit euch."

Wenn wir uns dann in die Decke kuschelten, kam sie ans Bett und betete mit uns. Zuerst: „Ich bin klein, mein Herz ist rein, soll niemand drin wohnen als Jesus allein", dann, als wir größer waren: „Müde bin ich, geh zur Ruh …" Jedes Mal sagte sie danach: „Agnes, es ist verboten zu beten, ihr dürft es niemandem sagen, sonst kommen sie und holen mich weg." Was das bedeutete, konnten wir uns ausmalen.

Spielzeug hatten wir in dieser Zeit nicht viel. Meine ältere Schwester bekam aber von einer Freundin ein paar Bogen Pappe. Mama nahm die Pappe und ließ mit dem Zeichenstift eine ganze Welt mit Kühen, Kälbern, Hühnern, Küken, Katzen und Hunden entstehen. Sie zeichnete auch Töpfe, Pfannen, Teller und Tassen. Wir malten die Formen und Figuren mit unseren Buntstiften aus, schnitten sie aus – und schon war unser Bauernhof komplett. An Langeweile kann ich mich nicht erinnern.

Aber jeden zweiten Abend musste Mama weg, zur Arbeit, hinaus in den Ernst des Lebens, bei Sturm, Schnee oder Regen. Wenn ich dann einsam war, öffnete ich die Tür zu dem Schrank, in dem Mamas einziges feines Kleid hing, das „Sonntagskleid". Ich nahm es in die Arme. Es roch so nach meiner Mama. Ich drückte es an mich und weinte, bis ich mich besser fühlte.

Mama war der einzige Halt in einer feindseligen Welt, in

der nichts mehr stimmte, in der die Schergen das Sagen hatten und die netten Leute aus der Nachbarschaft zu Denunzianten wurden. Aber Mama machte uns auch auf das Schöne aufmerksam, zeigte uns den Zauber der Natur – die üppigen Farben im Frühjahr und Sommer, die fahlen Farben im Winter.

„Tjinja, rut ut dem Bad" (Kinder, raus aus den Betten), weckte sie uns in der Früh, um uns die vereisten Fensterscheiben zu zeigen, auf denen ein unsichtbarer Künstler wunderschöne Eisblumen hingezaubert hatte. Wir hauchten an die Scheiben und rieben das Glas, ohne allerdings die Blumen zu zerstören, bis wir schemenhaft die verschneite Welt da draußen sehen konnten, die bereiften Bäume in einem wie mit Puderzucker bestreuten Garten.

„Kinder, seht die Schneeflocken, wie sie herunterfallen, sich in der Luft drehen, plötzlich die Richtung ändern, dann schweben und sanft landen. Kommt heraus!", rief Mama, und als wir über die Schwelle traten, traf uns der erste Schneeball. Was folgte, war eine heftige Schneeballschlacht, bei der Mama uns immer gewinnen ließ.

Nach diesem Spiel forderte sie mich auf, den Schlitten zu holen, und stieg mit uns auf einen Hügel, von dem wir über unser schönes, verschneites Einlage blicken konnten. Und dann ging es in rasender Fahrt den Hügel hinunter. Nach einem Wintertag mit Spielen und Toben, wenn die Schatten länger wurden, schauten wir fasziniert auf den großen roten Ball, der langsam am Horizont verschwand. Manchmal färbte sich die Scheibe blutrot, bevor sie sank, und wir befürchteten, dass in dieser Nacht jemand sterben würde. An anderen Tagen verschwand sie, bevor sie den Horizont berührt hatte, im Dunst. Plötzlich war sie weg.

Der ukrainische Winter bleibt für mich unvergessen. Später, im subtropischen Paraguay, habe ich ihn sehr vermisst, vor allem, wenn zur Weihnachtszeit der Sandsturm durchs Dorf peitschte und das Thermometer über die 40-Grad-Marke kletterte. An Heilig Abend dekorierte ich dann den im Busch gefällten „Tannenbaum" mit Watte und hatte den ukrainischen Weihnachtsbaum vor Augen. Erst mehr als vierzig Jahre später, als ich mit meiner Familie für eine kurze Zeit in Deutschland lebte, sah ich wieder echten Schnee, allerdings nicht in der Menge, wie ich ihn aus der ukrainischen Heimat gewohnt war.

Trotz der Kälte, die sich ja auch manchmal in unserem Haus ausbreitete, weil nicht alle Räume geheizt wurden und die Fenster nicht isoliert waren, trotz klammer Finger und roter Backen habe ich den ukrainischen Winter in guter Erinnerung.

Aber nach drei Wintermonaten waren wir den Frost überdrüssig und warteten sehnsüchtig auf Frühling und Sommer. Auch in dieser Zeit gab es genug zu tun. Es gab vor allem viel Arbeit mit Graben, Säen, Jäten und im Sommer mit dem Obst. Auch wir Kinder mussten kräftig zupacken. Das Unkrautjäten gehörte zu den unbeliebtesten Tätigkeiten. Abends waren wir reif fürs Bett – aber da mussten ja noch die Schularbeiten gemacht werden.

Im Sommer genossen wir die langen und hellen Abende, besonders wenn das Tageslicht zu später Stunde vom fahlen Licht des Mondes abgelöst wurde. In den Schulferien lag der Ranzen vergessen in einer Ecke, die Kinder mussten nicht früh schlafen gehen und konnten noch ausgiebig Verstecken spielen. Einer musste „plinzen". Mit dem Arm verdeckte er die Augen und zählte bis zehn, zwanzig oder, wenn es so abgemacht war, auch bis dreißig. Die anderen hatten sich in dieser Zeit versteckt und der „Plinzer" musste sie suchen …

Mama war im Sommer sehr angespannt. Sie verkaufte viel von unserem Obst. Da wir natürlich keine festgelegten Öffnungszeiten hatten, kamen die Leute immer dann zu uns, wenn es am wenigsten passte. Aber Mama blieb unverändert freundlich. Sie wog die Pflaumen, Äpfel und Pfirsiche mit der Handfederwaage ab, dem „Besma".

31

Das Haushaltsgeld besserte sie mit dem Verkauf von Blumen auf, die sie und meine Schwester Emmy auf dem Markt oder abends vor dem Kino verkauften. Emmy konnte besonders gut Sträuße und Gestecke binden. Die Blumen wurden geschnitten, gebunden, in Schüsseln und Wannen ins Wasser gestellt und dann in der Frühe zum Markt gebracht.

Die Blumenrabatten und Sträucher, eigentlich der ganze Garten, waren das Werk unseres Vaters. Die Gartenarbeit war sein Hobby, das er in seiner Freizeit betrieb. An den Wegen blühten Lilien, Tulpen und Begonien. Entlang der Straße erstreckte sich eine Hecke, die im Sommer so dicht war, dass man nicht hindurchschauen konnte. Sie bildete die Grenze zur Straße. Auf der rechten Seite des Gartens wuchsen Veilchen und ein kleiner Rosenstock mit rosa-rot schattierten Blütenblättern. Gleich daneben standen weiße, schwarze und rote Johannisbeeren sowie Stachelbeeren. In der Nähe des Hauses hatte Papa im Halbkreis Büsche gepflanzt, die weiße Blüten in Form von Dolden trugen. Leider kann ich mich nicht mehr an ihren Namen erinnern.

Lila und weißer Flieder verströmte seinen Duft, und mittendrin stand eine große Trauerweide, deren Äste – einen großen Bogen bildend – bis zum Boden reichten. Hier war mein eigenes Reich, in dem ich mit meinen Puppen spielte. Hierhin zog ich mich auch oft mit einem Buch zurück. Die Mittagszeit gehörte mir, mir ganz allein, denn dann hielt mein kleiner Bruder Peter, auf den ich sonst aufpassen musste, seinen Mittagsschlaf.

Mein Lieblingsbaum war ein großer wilder Maulbeerbaum. Seine Krone überragte das Haus. Wenn der Baum im Frühjahr heftig blühte, summte es nur so vor lauter Bienen. Aber die Blüten fielen alle ab, er trug keine Früchte und war nur zur Zierde und als Schattenspender gedacht. Doch für uns war er der wunderbarste Baum, weil man in seinen Ästen mit samtener Oberfläche und in der breiten Krone fabelhaft klettern und ohne große Verrenkungen die Spitze erreichen konnte. Von dort oben war unsere ganze Welt zu sehen.

Ein sehr wichtiger Teil dieser Welt war die Schule. Ungeduldig wartete ich auf den Zeitpunkt meiner Einschulung. So schnell wie möglich wollte ich Lesen, Schreiben und Rechnen lernen, vor allem Lesen, um das Leben zu begreifen. Ich beneidete Walja, meine Freundin, die im Nachbarhaus wohnte. Sie hatte schon das erste Jahr hinter sich und konnte ihren Namen schreiben und langsam lesen.

Endlich in der Schule!

Im September begann der Unterricht. In der Ukraine wurden die Kinder erst mit acht Jahren eingeschult. Ich war sieben und würde im Januar schon acht werden – vier Monate nach Schulbeginn. Am ersten Schultag in diesem Herbst strömten die Kinder aus allen Gassen mit ihren Ranzen und Taschen, und ich stand am Straßenrand neben den gelb blühenden Büschen und sah traurig hinterher. Da kam auch schon Walja. Ich traute kaum meinen Ohren, als sie sagte: „Agnes, komm mit und melde dich an! Vielleicht nehmen sie dich."

Mama war um diese Zeit noch nicht zu Hause, ich konnte sie nicht fragen. Daher traf ich die Entscheidung selbst: Ich ging mit. In der Schule stellte ich mich dann einfach einer Lehrerin vor und flehte sie an, mich doch einzuschulen. Ein paar Lehrer kamen hinzu und zum Schluss sogar der Direktor. Neugierig starrten sie das kleine, magere Mädchen an, das so eigenmächtig und frei seine Einschulung beantragte. „Agnes", meinten sie, „du bist so schmächtig, du musst noch ein Jahr warten."

Die Enttäuschung stand mir sicher ins Gesicht geschrieben, die Tränen liefen mir die Wangen herunter. Ich weinte auf dem ganzen Heimweg. Der Weg zu unserem Haus schien mir end-

los, obwohl die Schule, so hatte ich es auf dem Hinweg empfunden, nur einen Katzensprung weit entfernt war.

Mama war schon zu Hause. Sie zog mich auf ihren Schoß,
tröstete mich und schaukelte mich so lange hin und her, bis ich
mich beruhigt hatte.

Schon hatte ich mich mit einer Wartezeit abgefunden, als
am Nachmittag eine unerwartete Wendung eintrat. Auf dem
„Nachbarsweg" – einem Privatpfad, der uns mit den angren-
zenden Nachbarn verband – kam mir die frohe Botschaft in
Form von Walja entgegengerannt: „Sie nehmen dich, sie nehmen
dich!", rief sie. „Ab morgen darfst du zur Schule, Agnes!"

Wem ich dieses Geschenk zu verdanken hatte, weiß ich
nicht, aber ich weiß, dass ich in diesem Augenblick der glück-
lichste Mensch der Welt war. Die Schultasche hatte ich schon
zu Weihnachten bekommen, die noch fehlenden Hefte wurden
im nahen „Magazin" gekauft und am nächsten Tag feierte ich
meinen ersten Schultag. Die Schulbank wurde für mich einer
der schönsten Plätze und Lernen zu meinem Hobby.

Die Schule war ukrainisch, unterrichtet wurde aber auf Russisch. In der zweiten Klasse war ich dann eine der besten Schülerinnen. Ein Fotograf machte Aufnahmen von uns. Die Lehrerin überreichte den Besten zwei Fotos im Postkartenformat.
Fotos waren etwas Besonderes. Ein Foto bekam Papa. Von ihm
erhielten wir jeden dritten Monat einen Brief aus dem Lager im
sibirischen Archangelsk, den wir offiziell beantworten durften.
Diesmal durfte ich schreiben.

Und das Brieflein kam tatsächlich an. Papa freute sich sehr,
denn mein Foto war das einzige, das er von seiner Familie besaß. Was mir sehr wichtig war: Papa schrieb, er habe keinen
einzigen Fehler in meinem Brief entdeckt. „Ich bin mächtig
stolz auf dich, Agnes", fügte er hinzu. Diesen Satz vergaß ich
nie, obwohl ich manchmal Gewissensbisse hatte, denn eigentlich hätte Papa doch auch Mama loben müssen, weil sie in diesen schweren Zeiten die Familie so gut versorgte.

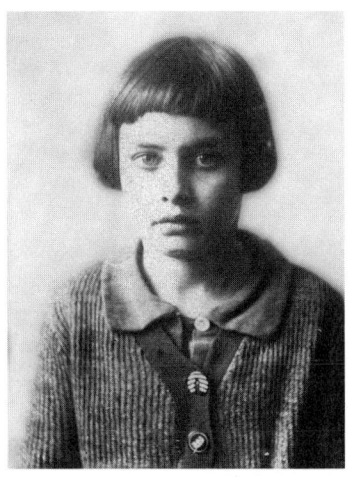

Das war ich mit acht Jahren

In seinem letzten Brief, den wir erhielten, schrieb er dann: „Wenn ich noch einmal freikomme, dann sollt ihr es besser haben." Leider waren wir da nicht mehr in Russland, sondern schon im fernen Paraguay. Denn statt besser war es in der Ukraine nur noch schlimmer geworden. Als Hitlerdeutschland 1939 Polen überfiel, war das Feuer gelegt, das den großen Brand entzünden sollte. Keiner sollte ungeschoren davonkommen. Wir Kinder verstanden zuerst nicht, was sich da abspielte. Und als der Krieg zu Ende war, waren wir keine Kinder mehr.

Es ist Krieg!

Im Juni 1941 begann Hitler den Vernichtungsfeldzug gegen die Sowjetunion und die Eroberung des von den Nationalsozialisten ersehnten „Lebensraumes im Osten". Wie ein Lauffeuer verbreitete sich die Nachricht, obwohl nur wenige ein Radio besaßen. Krieg! Welch ein schreckliches Wort. Was wirklich dahintersteckte, konnten wir uns nicht vorstellen. Wir mussten gleich mit drei anderen Familien zusammen im Garten der Nachbarn einen „Bunker" ausheben – das Loch war etwa zweieinhalb Meter tief, über den Rand wurden zuerst Balken und dann Äste und Sträucher gelegt. Zum Schluss schaufelten wir Erde darüber. Uns Kindern machte diese Gemeinschaftsarbeit großen Spaß. Was verstanden wir schon von alledem. Hinter unseren Gärten gruben Männer Schützengräben – woher sie kamen, wussten wir nicht. Wenn wir neugierig zuschauen wollten, schickten uns die Aufpasser weg.

Eines Tages stand Emmy vor der Tür. Erst siebzehn Jahre alt, absolvierte sie an einem Ort im Ural ihr praktisches Jahr als technische Zeichnerin. Als der Krieg ausbrach, hatte sie nur ein Ziel vor Augen: zurück zur Familie. Zusammen mit einer russischen Freundin türmte sie, legte lange Strecken zu Fuß und als Schwarzfahrerin auf Güterzügen zurück. Wie sie die lange Strecke geschafft haben, weiß ich nicht, es müssen über 2.000 Kilometer gewesen sein.

Eines Nachts klopfte es an unserer Tür. Wir waren alleine zu Hause, denn Mama hatte wieder Nachtschicht im Krankenhaus. Ängstlich schlich ich an die Tür, aber da hörte ich schon die bekannte Stimme: „Macht schon auf, ich bin's, Emmy!" Unser Jubel war groß. Emmy war eine Heldin und wurde von der ganzen Familie bewundert, denn sie hatte keine Angst. Sie unterstützte Mama, wo es ging, und fand immer noch Zeit für ihre beiden kleinen Geschwister.

Dann erlebten wir die erste Nacht mit Bombenalarm. Die Sirene heulte, wir sprangen aus den Betten, hatten aber keine Ahnung, ob etwas passiert war. „Los, los", schrie Mama, „zieht euch schnell an und dann ab in den Bunker. Die Flieger kommen." Es war aufregend und abenteuerlich zugleich. Obwohl es noch Spätsommer war, fielen die Temperaturen nachts schon deutlich ab.

Unterwegs sammelten wir Kinder noch heruntergefallenes Obst auf. Dann saßen Peter und ich zitternd und frierend, ganz nah an Mama und Emmy gelehnt, im „Bunker". Aber die Entwarnung ließ nicht lange auf sich warten. Schnell liefen wir zurück ins Haus und schlüpften unter die Decke. Beim ersten Mal wurden wir in unserer Nachtruhe nicht noch einmal gestört.

Später kam es aber manchmal vor, dass wir in einer Nacht zweimal oder noch häufiger Bombenalarm bekamen. An größere Bombenschäden in unserem Dorf Einlage kann ich mich jedoch nicht erinnern. Einmal schlug eine Bombe am Bahnhof ein, einmal wurden Schienen außerhalb des Dorfes getroffen.

Wir mussten die Fenster verdunkeln. Kein Licht durfte hindurchschimmern, sonst wurden wir bestraft. Hinter unserem Haus im Garten hatten sich russische Soldaten niedergelassen, die schon auf dem Rückzug vor den Deutschen waren. Unter ihnen waren Verwundete. Emmy und ich trugen Eimer voll heißem Wasser zu ihnen. Die armen Soldaten ernährten sich von trockenem Brot, Salzheringen und ein paar Würfeln Zucker. Salzheringe, man stelle sich das vor! Über das heiße Wasser freuten sie sich, der freundliche Leutnant bedankte sich jedes Mal herzlich bei uns. Aber ich habe heute noch Narben an einem Bein von den Brandwunden, die das über die Ränder schwappende kochende Wasser verursachte.

Bereits im Spätsommer waren das Baltikum sowie große Teile der Ukraine und Weißrusslands besetzt. Mit ihren riesigen landwirtschaftlichen Anbauflächen sollten sie die Lebensmittelversorgung im Deutschen Reich sicherstellen. Die Deutschen wurden vor allem von den Ukrainern und von uns Mennoniten als „Befreier" vom „stalinistischen Joch" bejubelt. Dass gleichzeitig Tausende ukrainischer Juden ermordet wurden, erfuhren wir erst viel später.

Es war wieder eine dieser Nächte. Mama hatte Nachtschicht in Saporischschja. Emmy, Peter und ich waren alleine zu Hause. Auf der Straße herrschte plötzlich eine seltsame Stille. Die Soldaten hatten das Dorf verlassen. Auch die russischen Einwohner aus Einlage waren weg. Wieder zitterten wir vor Angst.

Im Krankenhaus von Saporischschja herrschte Endzeitstimmung, als eine Krankenschwester zu meiner Mutter sagte: „Anganeta Petrowna, wenn Sie noch zu Ihren Kindern wollen, dann lassen Sie alles stehen und liegen und verschwinden Sie. Bald wird es dafür zu spät sein."

Das ließ Mama sich nicht zweimal sagen. Sie machte sich auf den Weg zurück nach Einlage. Alles strömte ihr entgegen, auf das vermeintlich rettende linke Ufer des Dnjepr zu. Mit Gepäck beladene Menschen, Pferdewagen, Männer, die Rinder, Schafe, Ziegen vor sich hertrieben – alle auf der Flucht vor den deutschen Soldaten. Die Sowjets hatten Order gegeben, alles in den Osten zu schicken, alles Vieh und alle landwirtschaftlichen Maschinen. Die Wehrmacht führte ihren „Blitzkrieg". Sie hatte schon alles überrollt, drückte von Westen gegen den Dnjepr. Die Russen wollten noch schnell übersetzen, denn am Ufer, so vermuteten alle, würde die Offensive zum Stillstand kommen. Die Flüchtlinge dachten zu Recht, dass die Roten den Staudamm sprengen würden, um den Deutschen den Weg abzuschneiden. Chortiza, die große mennonitische Siedlung, Einlage und die meisten anderen mennonitischen Ortschaften lagen aber auf der Westseite des Dnjepr.

Die Fliehenden wollten ans Ostufer, nach Saporischschja und dann immer weiter, bis man gebührenden Abstand von der Front haben würde. Nur eine Person ging in die entgegengesetzte Richtung, ganz allein. Es war meine Mutter. Sie litt furchtbar unter der Vorstellung, jemand könnte sie aufhalten und misstrauisch fragen: „Anganeta Petrowna, wo wollen Sie hin? Etwa zu den Deutschen? Sympathisieren Sie mit den Nemuzy? Sind Sie eine Verräterin?"

Aber niemand sprach sie an. Das war ein Wunder, denn die

Sowjets hatten die Parole ausgegeben: „Wer nicht flieht, der wird erschossen!" Als meine Mutter den langen Staudamm verlassen hatte und in den kleinen Park einbog, den sie durchqueren musste, hörte sie: „Madame Martens, Madame Martens!" Es war Herr Loginow, der bei uns gegenüber auf der anderen Straßenseite wohnte. Er wollte nach Hause zu seiner Frau. Auf den letzten Metern begleitete er meine Mutter nach Hause, sie fühlte sich nicht mehr so allein. Mama fragte sich, warum die Loginows im Dorf blieben, sie waren doch Kommunisten. Sie konnte sich nicht vorstellen, dass sie von den Deutschen gut behandelt werden würden. Aber sie fragte lieber nicht.

Mama war noch nicht lange bei uns im Bunker, als jemand vor der Öffnung stand. Es war eine Frau, die auch Martens hieß, mit ihrem Sohn Jascha. „Die Russen sind weg", rief sie, „lasst uns den Deutschen entgegengehen." Die Wehrmacht sahen wir als unsere Befreier von der kommunistischen Knechtschaft an. Daher packten wir alles zusammen und versahen uns mit Proviant. Dann machten wir uns auf den Weg durch den Garten und die Wiese. So gelangten wir in einen Tunnel, über den eine Eisenbahn führte. Plötzlich hörten wir Gefechtslärm. Russische Soldaten liefen durch den Tunnel, ohne uns zu beachten. Am Himmel sahen wir Flugzeuge. Dann kam noch ein russischer Soldat vorbei und rief: „Dawai! Seht zu, dass ihr hier verschwindet. Es kann gefährlich werden." Aber wir fühlten uns im Tunnel sicherer und warteten noch ein wenig.

Auf einmal war der ganze Spuk vorbei, und wir schlichen aus dem Tunnel. Auf der anderen Seite entdeckten wir ein Häuschen mit Garten, in dem ebenfalls ein „Bunker" war. Und kein Mensch weit und breit zu sehen. Wir kletterten in das ausgebaute Erdloch und machten es uns so weit wie möglich gemütlich. Hin und wieder kam ein Soldat vorbei, schaute in den „Bunker" und lief wieder weiter. Einer bat uns um ein Stück Brot. Einer sagte: „Die Deutschen haben Hackfleisch aus uns gemacht."

Am späten Nachmittag kehrte Ruhe ein, weshalb Emmy unser Erdloch verließ und zum Bahndamm schlich. Von dort winkte sie uns zu: Kommt rüber! Wir nahmen unsere Sachen und folgten ihr. Weil die Situation so unsicher war, beschlossen wir, nicht nach Hause zu gehen, sondern zu Großmutter, die zusammen mit Tante Mariechen in einem Haus in Neuenburg wohnte.

Auf den Straßen war alles still und leer. Als wir in Neuenburg ankamen, waren wir erleichtert, dass uns nichts passiert war. Aber Vorsicht war geboten: Tante Mariechen sowie ihr Mann, die Kinder und die Oma saßen alle noch im „Bunker" verschanzt. Doch was für ein komfortables Lager! Wände und Decken waren mit Holz verkleidet und an den Wänden waren Pritschen angebracht, sodass man hier bequem übernachten konnte. Was wir dann auch ausgiebig taten.

Währenddessen spielten sich am 17. August 1941 auf dem Staudamm bei Chortiza schreckliche Szenen ab. Als gerade die letzten Trecks von Ukrainern, Juden und Russen nach Osten übersetzten, sprengte die Rote Armee ohne Vorwarnung die Dnjepr-Brücken und den Staudamm. Das Wasser soll sich vom Blut der Toten rot gefärbt haben.

Am nächsten Tag rückten die Deutschen in Chortiza ein, wovon wir aber nichts wussten. Emmy, die Furchtlose, unternahm am Tag darauf morgens einen Erkundungsgang in die nähere Umgebung. Deutsche Soldaten kamen ihr entgegen und versicherten ihr, sie und ihre Angehörigen könnten gefahrlos in ihre Häuser in Einlage zurückkehren. Bang fragten wir uns, ob uns dort eine böse Überraschung erwartete.

Auf unserem Heimweg waren nur wenige Spuren der Verwüstung zu sehen, sodass wir Hoffnung schöpften. Und tatsächlich: Wir fanden unser Haus so vor, wie wir es zurückgelassen hatten. Die Zukunft, so schien uns nun, sah nicht mehr so aussichtslos aus.

So ähnlich sah auch unser Haus in Einlage aus

Nach und nach kehrten auch die russischen Bewohner in ihre Häuser zurück. Sie waren nicht weit gekommen, die Deutschen hatten sie überrollt. Die Front war wie vermutet am Dnjepr zum Stillstand gekommen. Erst sieben Wochen später, als die deutschen Truppen das Ostufer einnahmen, konnten die Leichen am Dnjepr bestattet werden.

Vorerst bot sich in Chortiza ein chaotisches Bild. Die Straßen waren voller verlassener Traktoren, Mähdrescher und herrenlosem Vieh. Kühe, Schweine und Schafe muhten, grunzten und blökten wild durcheinander. Die Sowjets hatten eine totale Evakuierung angeordnet. Als dann der Staudamm explodierte, ging nach vorne und nach hinten nichts mehr, es war ein perfekter Stau. Die Fuhrleute und Hirten ließen Maschinen und Tiere im Stich und gingen in ihre Dörfer zurück.

In Chortiza mussten die Mennoniten jetzt selbst die Initiative ergreifen und für Ruhe und Ordnung sorgen, die Straßen frei räumen, die Plünderer bestrafen oder verjagen, die Straßen von den landwirtschaftlichen Maschinen räumen, das umherirrende Vieh bei den Kolchosen eintreiben.

Das Westufer war von den deutschen Truppen besetzt, aber am Ostufer hatte sich ein Panzerzug der Roten eingenistet, der sieben lange Wochen die mennonitischen Dörfer am Dnjepr beschoss. Die deutschen Soldaten wurden von ungarischen Einheiten abgelöst – und die ließen Einlage evakuieren, weil sie vom Panzerzug der Sowjets beunruhigt waren. Die Häuser wurden verriegelt und ab ging es nach Chortiza, das etwa sechs Kilometer von Einlage entfernt lag.

Wir hatten dort Verwandte, für uns gab es keine Schwierigkeit, bei ihnen unterzukommen: Anna Hamm, Mamas Schwester, hatte keine Kinder, und ihr Mann war auch ins Straflager geschickt worden. Einen herrlichen Spielplatz hatten wir auf der anderen Seite des Gässchens bei der sehr großen alten Eiche. In den ausladenden Ästen des knorrigen Baumes kletterten wir nach Herzenslust herum. Es hieß, die Eiche sei tausend Jahre alt. Kosaken und andere Völker hatten hier gekämpft. Im Schatten dieser Eiche, so sagten die Alten, hätten die Vorfahren ihre ersten Gottesdienste gefeiert. Hier hätten die ersten Wiegen gestanden. Sieben Personen waren notwendig, um ihren Stamm zu umfassen. Den Baum gibt es heute noch, Bekannte haben die Gegend besucht und den fast abgestorbenen Baum gesehen. Ein Ast treibt noch grüne Blätter.

Jetzt wurde es kühler, der Herbst hielt Einzug, die Bäume verloren ihre Blätter, und endlich durften wir wieder nach Hause. Mama und Emmy steckten mich und Peter ins Bett unter dicke Decken, da wochenlang nicht geheizt worden war. Zwischendurch gingen Mama und Emmy noch einmal zurück nach Chortiza, um den Rest unserer Sachen zu holen. Als sie nach drei Stunden wieder zu Hause waren, machte Mama Feuer im Herd und kochte uns eine warme Mahlzeit. Überall im

Haus setzten wir zweite Fenster ein. In den Zwischenraum legten wir, auch zur Abdichtung, weiße Watte, die wir mit Glitzerzeug bestreuten. Wenn dann noch verschiedene Figuren auf der Watte standen, hatten wir die dekorative Winterausrüstung.

Jetzt mussten die Wintersachen aus der Truhe geholt und in den Schrank gehängt oder gelegt werden. Als wir selbst uns auch ausstaffiert hatten, gingen wir hinaus, um unseren Garten in Augenschein zu nehmen. An den Bäumen hingen noch vertrocknete Kirschen sowie Winteräpfel und Birnen. Wir pflückten alles und verbuddelten das Obst im Keller in Sägemehl. Bis Weihnachten wurde aus den ehemals harten Früchten das schönste Obst. Sofort essen konnten wir die wilden Birnen, von uns „Kruschtje" genannt. Sie lagen auf dem Boden unter den herabgefallenen Blättern und waren schon mürbe. Wie sie uns schmeckten!

Leben unter den Deutschen

Die Front war weitergezogen, und vom Krieg merkte man in Einlage nichts – von Ausnahmen abgesehen. In den Läden gab es allerdings nichts zu kaufen. Die Frauen stiegen in den Tauschhandel ein. Einige Rizinusfelder waren wegen der Kriegshandlungen noch nicht abgeerntet. Die Ernte übernahmen meine Mutter und andere Frauen. Wir Kinder saßen dann zu Hause und entfernten die Hülsen. Irgendwo und irgendwie hatte Mama Seifenstein ergattert und kochte aus Rizinuskernen und Seifenstein die schönste weiße Seife. Die tauschte sie dann in den Dörfern für Lebensmittel. Die Nachfrage nach weißer Seife war sehr groß.

Das Leben konnte unter deutscher Herrschaft weitergehen. Es gab deutsch-mennonitische Schulen, Geschäfte, Kirchen. So musste es vor dem Kommunismus gewesen sein. Ich kam in eine deutschsprachige Schule, musste jetzt aber im Unterschied zu vorher weit gehen – bei Schnee und Eis war es nicht so einfach, aber es machte Spaß. Der Frühling kam und ging. Der Sommer bräunte unsere Haut. Ich beendete die vierte Klasse und wurde in die erste Klasse der Mittelschule in Chortiza versetzt, was als Auszeichnung zu verstehen war. Drei weitere Schüler, die ebenfalls gute Leistungen nachweisen konnten, hatten auch den Zuschlag erhalten: Theo Fröse, ein Junge mit dem Nachnamen Pätkau und Lydia Dück. Lydia verzichtete leider aus Gesundheitsgründen.

Es verstand sich von selbst, dass wir anderen drei die sechs Kilometer nach Chortiza nicht jeden Tag zu Fuß zurücklegen konnten. Wir wohnten daher im Internat und durften nur am Samstag und Sonntag nach Hause. Es war ein schönes Erlebnis für uns. Im Internat gab es gutes Essen und einmal in der Woche Extra-Verpflegung wie Kekse und Bonbons. Ich bewahrte sie immer für meinen kleinen Bruder auf, dem ich sie am Samstag schenkte. Peter freute sich schon die ganze Woche darauf.

Einmal in den Ferien veranstalteten die deutschen Truppen in Chortiza eine Kleiderverteilung. Unsere Kleiderschränke waren alle nicht gerade überfüllt, aber besonders Mama war übel dran, sie hatte nur wenig anzuziehen. In der Frühe kam eine deutschstämmige Frau bei uns vorbei und lud Mama ein, mit ihr mitzugehen, um Kleidung auszusuchen. Aber Mama hatte keine Zeit.

Als die Frau wieder ging, schlich ich hinterher und fragte sie, ob sie mich mitnehmen würde. Sie stimmte zu. Als wir zur Kleiderverteilung kamen, war ich von dem vielfältigen Angebot begeistert. Waren es Kleider von Juden? Ich weiß es bis heute nicht. Auf den Tischen lagen auch viele Kleider für Mädchen in meinem Alter, aber dafür interessierte ich mich nicht. Es sollte etwas für Mama sein.

Mädchenschule in Chortiza

Die Frauen hinter mir in der Warteschlange wurden ungeduldig, aber ich ließ mich nicht verscheuchen und wurde schließlich auch fündig. Es war ein guter dunkler Stoff, der sich angenehm anfühlte und beinahe neu war. Mehr wollte ich nicht.

Wie hat sich meine Mutter gefreut, als ich zurückkehrte! Sie wusste ja nicht, wo ich geblieben war, und hatte sich schon Sorgen gemacht. Und dann dieses Überraschungsgeschenk! Das Kleid sehe ich immer noch vor mir. Sie hat es später noch in Deutschland getragen, es passte wie angegossen.

Es war im August 1943. Die Ferien mit viel Spielen, Baden, Obsttrocknen und Obstessen gingen wie immer viel zu schnell vorbei. Mit dem Schulanfang kam ich in Chortiza in die zweite Klasse der Mittelschule. Das Internatsleben gestaltete sich

Eine typische Straße bei uns in der Ukraine

wie im Vorjahr ziemlich lustig. Wir trieben viel Schabernack, was von fünfzehn Mädchen, die in einem Schlafsaal übernachteten, auch nicht anders zu erwarten war. Die Betten standen an den Wänden. In der Mitte war ein Riesentisch mit fünfzehn Stühlen, an dem wir lernten. Zum großen Glück nicht immer gleichzeitig.

Die erste Klasse hatte bis Mittag Unterricht, die zweite am Nachmittag. Unserem Haus gegenüber war das Jungenheim. In der Mitte des Hofes stand eine Pumpe, an der sich alle waschen mussten. Wenn die Jungen schneller an der Pumpe waren, bespritzten sie die Mädchen von oben bis unten. Deshalb standen die Mädchen immer früher auf, um sich ungestört zu waschen. Die Jungs waren notorische Spätaufsteher.

Nach einiger Zeit ließ bei uns Mädchen die Vorsicht aber

nach, und wir besetzten die Pumpe jeden Tag einige Minuten später. Diese Nachlässigkeit wurde bestraft – eines Tages hatten dann die Jungen wieder zuerst die Hand am Pumpenschwengel.

Nach der Morgentoilette servierten die Angestellten das Frühstück, und dann ging es zur Schule, die nicht direkt neben dem Internat lag.

Das Leben war schön, so konnte es meinetwegen auf ewig weitergehen! Doch die Front kehrte wieder zurück, wie wir bald erfuhren. Die Deutschen konnten nicht mehr dagegenhalten.

3 Adieu, mein Maulbeerbaum

Am 1. Oktober 1943 wurden die Schulen plötzlich geschlossen. Alles ging sehr schnell. Die deutschstämmigen Familien bereiteten sich auf den Abschied von Mütterchen Russland vor: Hühner schlachten, Brot backen, Tweeback backen und rösten, Kleidungsstücke verpacken. „Nur das Allernotwendigste mitnehmen", ordnete die deutsche Militärverwaltung an. Keiner glaubte daran, dass wir je zurückkehren würden. Ich hörte, wie meine Mutter zu Emmy sagte: „Ich will auch nie, nie mehr zurück, selbst wenn ich in Deutschland nur eine kleine Ecke bekomme!" Zu schlimm waren die Erfahrungen, die wir in diesem Land gemacht hatten. Die Angst vor den Kommunisten saß den Frauen, deren Männer im Lager waren, im Nacken.

Ich ging von Zimmer zu Zimmer und verabschiedete mich von meinen Puppen. Eine durfte ich mitnehmen, alles andere musste ich zurücklassen. Der einzige Trost: In unser Haus zog eine russische Familie ein, liebe Freunde von uns. „Wir werden alles so erhalten, bis ihr wiederkommt", versprachen sie. Wir wussten es besser.

Die Front bewegte sich westwärts, und da war kein Halten mehr. Wir sahen die Wehrmachtsfahrzeuge und die deutschen Soldaten und die vielen mit Flüchtlingen beladenen Pferdewagen, die alle Richtung Westen zogen. Jetzt sollten wir selbst Flüchtlinge werden.

Militärlastwagen brachten uns zusammen mit unserem Gepäck zum Bahnhof. Ein Pfiff der Lokomotive, ein lautes Zischen, und der lange Zug aus lauter Viehwaggons setzte sich in Bewegung. Die Fahrgäste drängten sich an die offenen Schiebetüren, um einen letzten Blick auf die Heimat zu werfen. Wir Kinder fanden da keinen Platz, aber wir suchten uns Stellen, wo zwischen den Waggonbrettern Ritzen waren, zogen Kisten oder Koffer näher und hatten einen guten und mehr oder weniger gemütlichen Ausblick: Adieu, Arbeiter- und Bauernparadies! Auf ein Niemals-Wiedersehen! Adieu, ihr armen Puppen, adieu, alter Maulbeerbaum, adieu, ihr tausend Blumen in Papas Garten! Papa!

Flucht im Viehwaggon

Zwölf Jahre war ich, als wir für immer unsere Heimat verließen. Es war Oktober. Kleine Dörfer, Felder, Wiesen huschten vor unseren Augen vorbei. Alles sah so friedlich aus.

Ab und zu hielt der Zug für ein paar Minuten auf dem offenen Feld, und die Fahrgäste schlugen sich in die Büsche. Toiletten gab es in unserem Zug nicht. Wenn Essensrationen verteilt wurden, legte der Zug einen längeren Halt ein. Die Frauen sammelten Holz, machten ein Feuerchen, nahmen noch ihre Vorräte von zu Hause dazu und bereiteten ein köstliches Essen. Immer kochten sie Prips, einen Ersatzkaffee aus geröstetem Weizen. Der Duft zog dann durch die Gegend.

Im Zug traf ich ein Mädchen, das ich gut aus Einlage kannte. Ihr Vater gehörte zu den Nazi-Bonzen und war leidend, weshalb die Familie in einem der wenigen Personenwagen ein Coupé belegte. Ab und zu durfte ich bei Rita mitfahren. Ich erlebte es als puren Luxus, an einem riesigen Fenster zu sitzen und auf die vorbeihuschende Landschaft zu schauen.

Nach dem Halt in Kiew wurden alle Wagen kontrolliert, die Fahrgäste durchgezählt und Proviant für einen weiteren Zeitraum verteilt.

Nach dem Verlassen der Ukraine fuhren wir durch Polen. Eine ganz andere Landschaft zog jetzt vorbei. Immer wieder ratterten wir durch große Waldgebiete. „Verhalten Sie sich bitte

49

still, in den Wäldern hausen oft Partisanen", hieß es warnend. Ich war von den Ritzen an der Waggon-Verkleidung nicht wegzukriegen. Denn ich sah Wald, richtigen, dichten Tannenwald, ab und zu auch Laubwälder. Der Herbst kündigte sich schon an, was man an den vielfarbigen Blättern sah.

Für jemand, der nur die russische Steppe kannte, war dies ein ergreifender Anblick. „Wald" verband ich mit den Märchen der Gebrüder Grimm. „Hänsel und Gretel" zum Beispiel, eine Geschichte, die in einem besonders düsteren und schrecklichen Wald spielte. Aber oft war der Wald auch ein romantischer, zauberhafter Fluchtort oder ein idyllisches Rückzugsgebiet. Schneewittchen bot der Wald eine Heimat, in der sie leben konnte. Für die „Bremer Stadtmusikanten" war der Wald oder ein großer Baum ein Ort der Heimat, wo sie Hilfe bekamen und Glück erfuhren. „Die sechs Schwäne" waren im Wald sicher vor ihrer bösen Stiefmutter.

In diesen endlosen Wäldern hatte ich für eine kurze Zeit das Gefühl, dass die schlimme Geschichte von dem bösen Land plötzlich eine wunderbare Wendung nehmen könnte.

Fliegeralarm riss mich jäh aus diesem Traum heraus. Der Zug bremste ab, kam schließlich zum Stehen, und die Fahrgäste huschten rasch in die Wälder. So wurde mir der Wald also das, was er auch vielen Märchenfiguren war: ein Schutz gegen Bedrohung. Nie ist bei diesem Alarm etwas passiert, und wir fanden heil in unsere Wagen und ich zu meinem Lieblingsplatz an der Ritze zurück.

Auf dem Boden der Realität landeten wir endgültig bei der Ankunft in Lodz (bei den Nazis Litzmannstadt). Die Prozedur, die wir hier erdulden mussten, war wohl aus hygienischen Gründen angebracht, aber wir empfanden das Wie als Schikane und Demütigung.

Männer und Jungen ab zwölf Jahren wurden von den Frauen getrennt. Frauen mit Kindern wurden gesondert abgefertigt. Niemand wusste, was passierte. Wir wurden in einen Saal geführt und mussten uns nackt ausziehen, splitternackt. Es war schrecklich. Schlimm war es vor allem für meine Oma, der man ein Bekleidungsstück gelassen hatte – die Stiefel. Sie wiederholte immer und immer wieder: „Das Ende der Welt ist nah, das Ende der Welt ist nah." Man muss wissen: Die mennonitischen Frauen sind sehr prüde und empfinden die Zurschaustellung des Körpers als herabwürdigend. Für uns war es also doppelt schlimm.

Dann wurde die ganze Gruppe in einen Raum geschleust, der unter Dampf stand. Auch unsere Kleidung wurde mit heißem Dampf behandelt. Nachdem wir uns dem Dampfbad ergeben hatten, kamen wir in einen Raum, in dem wir uns heiß duschen mussten.

„Entlausung" hieß diese ganze Prozedur, die eigentlich mit der Dusche endete, aber für uns noch weiterging. Wir mussten uns – immer noch nackt – in eine Warteschlange stellen, die in einen trockenen Raum führte. An einer Reihe von Bürotischen saßen Beamte und fragten die Personalien ab. An den Tischen saßen nur Männer, die möglicherweise schon seit Wochen oder Monaten vorbeischreitende Nackte abschätzen mussten, aber dennoch nicht so abgeklärt waren, dass sie sich im Griff hatten. Bisweilen landete eine Hand auf dem unbedeckten Po eines schönen Mädchens. Als kleinen Scherz am Rande haben wir das nicht aufgefasst. Es war eine Erniedrigung.

Dann bekamen wir endlich unsere Kleider zurück. Wir zogen uns an und gingen im Gänsemarsch zurück zum Zug. Nur das Notwendigste wurde gesprochen, alle waren schockiert von dieser überraschenden Leibesvisitation. Unsere Stimmung änderte sich aber schlagartig, als wir über die nächste Grenze fuhren. Damit kamen wir vom „Warthegau" nach Westpreußen. Deutschland! Würde es unsere Heimat werden? Unser Zielbahnhof war Neustadt, heute Wejherowo. Auf Lastwagen ging es durch ein sehr schönes, sauberes Städtchen. Davon bekamen wir aber nicht sehr viel zu sehen, denn als wir im

Flüchtlingslager ankamen, sperrte das Wachpersonal hinter uns sofort das Tor ab.

In Westpreußen

Die Baracken waren leer und sauber. In jeden Raum kamen zehn Personen. Badezimmer und Toiletten waren in den Baracken nebenan. Wer Glück hatte und eine große Familie, bekam ein Zimmer für sich. Uns wurde ein Wohnraum für drei Familien zugewiesen. Wir vier – Mutter, Emmy, Peter und ich – wohnten zusammen mit einer Frau und deren erwachsenem Sohn sowie einem Elternpaar mit zwei Töchtern. Die Wohnzimmermitte bildete ein Tisch mit Stühlen, an den Wänden standen Etagenbetten, in einer Ecke brannte ein Feuerchen in einem kleinen Eisenherd, der das Zimmer warm halten sollte. Kohlen und Holz bekamen wir aus einem Schuppen zugeteilt. Gefroren haben wir in dieser Zeit nicht.

Die Verpflegung erhielten wir von der Lagerküche. Mittags wurde gekocht, und zum Frühstück und Abendessen bekamen wir Brot, Marmelade und Margarine zugeteilt. Am Samstag nahmen wir eine Extra-Ration entgegen, die für das Frühstück und das Abendessen am Sonntag reichen sollte. Zu dem Üblichen gab es dann noch ein Stückchen Fleischwurst und Leberwurst. Am Sonntag servierten die Lagerköche immer Kartoffeln mit zwei Klopsen und zum Nachtisch ein Schälchen Pudding – darauf freuten wir uns schon die ganze Woche.

Als weniger angenehm empfanden wir das Eingesperrtsein. Oft standen wir Kinder am Zaun und schauten zum Wald hinüber, der so greifbar nah war. Wir fühlten uns ein wenig wie Gefangene.

Aber wir hatten keinen Grund, uns zu beklagen. Die Flucht war ohne nennenswerte Zwischenfälle vonstatten gegangen. Zeit, an Einlage und Chortiza zu denken, hatten wir nicht, dafür stürmte jeden Tag zu viel Neues auf uns ein. Heute weiß ich von den Tausenden von Menschen, die mit dem Pferdewagen geflüchtet waren. Die sich einreihen mussten in einen Treck, der praktisch vom Dnjepr bis in den Warthegau (von Deutschland besetztes Polen) reichte. Für diese Menschen waren die Fluchtbedingungen katastrophal. Immer wieder kam der lange Treck zum Stehen. Gegen die Kälte konnten die kleinen Kinder und die Alten kaum geschützt werden, und so reihte sich an dem langen Weg bald Grab an Grab. Häufig kam es vor, dass russische Flieger auf den Flüchtlingszug zielten und das Leben zahlreicher Unschuldiger auslöschten. Und so mancher Kolchosbauer, der mit einem Wagen und Ersatzpferden aufgebrochen war, kam schließlich mit dem Handwagen an – aber er war froh, dass er ankam, denn er hatte gesehen, wie viele unterwegs liegen geblieben waren. Uns ging es vergleichsweise gut, auch wenn wir uns ein wenig wie Gefangene fühlten.

Ganz unerwartet und ohne Erklärung öffneten sich eines Tages die Tore. Wir waren frei und konnten bis abends um acht Uhr tun und lassen, was uns gefiel. Das ganze Flüchtlingslager freute sich. Die Stadt kümmerte sich um uns. Wir wurden eingeschult. Die Mädchen kamen in eine Mädchenschule – in eine große Schule mit Parallelklassen, so etwas kannte ich bis dahin noch nicht. Sie lag gar nicht so weit von unserem Lager entfernt. Trotz meiner wenigen Schuljahre in der Ukraine hatte ich nach kurzer Zeit den Unterrichtsstoff begriffen und wurde von einer Lehrerin beauftragt, anderen Schülern zu helfen. Das Klassenzimmer war sehr geräumig und hatte große Fenster. Der Klassenlehrer war ebenfalls prima, aber bald wurde er eingezogen. Die neue Lehrerin mochte ich aber auch ganz gern.

Auf meinem Schulweg musste ich an einem Lager für russische Zwangsarbeiter vorbei. Manchmal, wenn wir mittags vom Unterricht kamen, marschierten die Gefangenen – wohl von einem Arbeitseinsatz kommend – an uns vorbei zu ihrem Lager. Sie sahen so abgehärmt aus, Menschen, denen es sehr viel dreckiger ging als uns. Ich wurde immer sehr traurig, wenn ich sie sah.

Für unsere Angehörigen und Bekannten im Lager war es klar, dass sie entweder eine Aufgabe oder eine Arbeit brauchten. Nur von der Wohlfahrt zu leben, wenn es auch anders ging, kam nicht infrage. Und tatsächlich fanden Männer und Jungen Arbeit in einer Fabrik. Viele Männer wurden aber auch zur Wehrmacht eingezogen. Frauen suchten eine Tätigkeit als Putzhilfen. Auch meine Mutter übernahm zwei Stellen – eine bei der Polizei und bei einer allein erziehenden Frau mit einem einjährigen und einem vierjährigen Kind. Die Frau stammte aus Düsseldorf und war ausgebombt worden, ihr Mann kämpfte als Leutnant an der russischen Front. Sie war sehr liebenswürdig, aber oft verzweifelt. Mama half ihr daher über die vereinbarten und bezahlten Stunden hinaus. Uns war Mutters Arbeitgeberin auch sehr sympathisch, denn sie schickte häufig für uns Leckerbissen mit, die ihre kleinen Kinder noch nicht essen konnten. Bei uns herrschte an solchen Tagen Festtagsstimmung, denn die Wrukensuppe aus der Lagerküche hing uns buchstäblich zum Hals heraus. Außerdem „roch" sie kilometerweit gegen den Wind. Aber wir mussten sie essen, um unseren Hunger zu stillen.

Die Wruke oder Kohlrübe erfuhr in diesen Zeiten eine große Aufwertung. Vor Kurzem las ich, dass die Zeitschrift „Der Völkische Beobachter" 1943, als sich die Ernährungslage drastisch verschlechterte, eine eigene Artikelserie startete, um die Rübe populär zu machen. Die NS-Propagandisten empfahlen „Wruken" als „geschätzte, vitaminreiche Frischkost, mit Zusatz von Zitronen in Salat" – und gesüßt als Müsli. Die NS-Frauenschaft sorgte mittels Preisausschreiben für neue Rezepte: 300 Reichsmark konnte eine Parteigenossin gewinnen, wenn sie „Schweinerüben" für die „vorzüglichste Herstellung innerhalb von Soßen, Laibchen, Mischgemüsen, Eintöpfen, Mehlspeisen" küchentauglich machte.

*Aufnahme aus meiner Zeit
in Neustadt*

Wo die Möglichkeit bestand, unseren Speiseplan aufzubessern, da schlugen wir zu. Der Fleischer in der Stadt verteilte an manchen Tagen Wurstbrühe. Dann standen wir Kinder schon um fünf Uhr auf, um uns vor dem Geschäft in eine lange Schlange einzureihen, ein paar Schöpfkellen von dieser Köstlichkeit abzukriegen und zu Hause abzuliefern, bevor wir zur Schule mussten. Mama organisierte immer wieder ein paar Kartoffeln und Zwiebeln sowie Buttermilch und zauberte daraus eine Suppe, die uns wunderbar schmeckte.

An den Nachmittagen und Abenden wurden wir pädagogisch versorgt. Die Nazis organisierten in den Baracken Veranstaltungen des Jungvolks, der Jungmädel und des Bundes deutscher Mädel (BDM). Wir Umsiedler-Kinder aus der ukrainischen Steppe machten uns keine Sekunde darüber Gedanken, wer der Initiator dieser Freizeitbeschäftigung war. Für uns wa-

*Peter und ich im Lager
in Neustadt*

ren es „die Deutschen", die sich eben nett um die Flüchtlinge
kümmerten. Der BDM und die „HJ", die Hitlerjugend, waren
Organisationen, welche die Jungen und Mädchen im Alter von
zehn bis achtzehn Jahren für den Nationalsozialismus erzie-
hen sollten. Ab zehn Jahren musste man zu den Jungmädeln.
Erst mit vierzehn Jahren kam man zum „richtigen" BDM. Es
wurde gesungen, gebastelt, diskutiert (das hieß „Aussprache"),
Bücher besprochen, Wanderungen unternommen, Sport ge-
trieben, Antreten und Marschieren geübt. Man wurde natürlich auch politisch geschult.

Ich war bei den Jungmädeln und bekam eine Uniform. Oft
mussten wir zum Appell vor der Fahne antreten. Der Lager-
führer – nicht der Chef des Auffanglagers, sondern der Leiter
des HJ-Lagers – hielt eine Rede, oder vielmehr schrie er sie.
Überschwänglich lobte er den „Führer" Adolf Hitler und die

Tapferkeit der deutschen Soldaten. Dann wurde die deutsche Fahne gehisst, alle standen stramm, mit erhobenem Arm den Hitler-Gruß entbietend, und dreimal schallte es über das ganze Lager: „Sieg Heil, Sieg Heil, Sieg Heil!" Dann wurde abgetreten.

Manchmal stand eine Wanderung auf dem Programm. In strenger Marschordnung stapften wir, Lieder singend, in den Wald, wo wir uns dann „rühren" durften: Wir tobten und spielten, lieferten uns Schneeballschlachten, bis der Befehl zum Aufstellen für den Nachhauseweg kam.

Aber meist war es so, dass unsere Gruppe sich nach dem Fahnenappell um unsere Gruppenführerin versammelte und dann mit ihr zu den Bastelräumen marschierte. Dort wurde viel geklebt, ausgeschnitten, mit Laubsägen ausgesägt und angepinselt, was uns großen Spaß bereitete und auf meine Gesinnung keinen Einfluss hatte.

Viele deutsche Lieder lernten wir, aber nie christliche. Die BDM-Führerin sprach viel von Advent – wir befanden uns in der vorweihnachtlichen Zeit –, aber immer im Hinblick auf die bevorstehende Sonnenwende. „Weihnachten ist der kürzeste Tag im Jahr", sagte sie, „die Germanen haben sich schon vier Wochen vorher auf das Sonnenwendfest gefreut." Gespannt hörten wir uns diese historisch verbrämten Ausführungen an, gingen nach Hause und sangen unsere altbekannten christlichen Weihnachtslieder. Auf dem Heimweg von der Schule fand ich einmal einen großen Tannenzweig, den wohl jemand verloren hatte. Schulkameraden, denen ich Nachhilfeunterricht erteilte, schenkten mir ein wenig Lametta, und so bekam unsere Klitsche auch etwas Weihnachtliches.

Während an den Wochentagen unsere Zeit mit Schule, Lernen und organisiertem Spielen ausgefüllt war, hatten wir am Samstag und am Sonntag frei und konnten mit unserer Mutter und den Geschwistern den Tag verbringen. Im Sommer ging es nachmittags in den Wald, aus dem wir erst spätabends wieder zurückkehrten, beladen mit den schönsten Blumen, würzigen Kräutern und leckeren Beeren. In dieser Jahreszeit war Neustadt in Westpreußen wirklich wunderschön – vor allem in diesem Sommer 1944.

Auch der Herbst bezauberte uns mit angenehmen Altweibersommer-Temperaturen. Unsere Lehrerin organisierte ebenfalls Ausflüge in die Wälder. Meistens machten wir uns schon vor Sonnenaufgang auf, mit einer Scheibe Brot in der Tasche. Dabei stand nicht unbedingt das Vergnügen im Vordergrund, sondern das Sammeln von Kräutern aller Art zu Heilzwecken für die verwundeten Soldaten. Dieser Zweck ermunterte uns besonders, und wir legten noch mehr Eifer an den Tag, um so viel wie möglich zu pflücken.

Die Zeit verging wie im Fluge. Wir waren dem Krieg von der Schippe gesprungen und hatten hier in Neustadt ein fast sorgenfreies Leben – wir Kinder empfanden es so, obwohl uns manchmal das Herz schwer wurde, wenn wir an den Papa im Lager dachten oder an unser Haus in Einlage. Aber dann schob ich diese Gedanken beiseite, sperrte sie in einen Käfig und ließ mich von dem Schönen vor unseren Augen ablenken.

Kurz vor Weihnachten 1944 wurde es aber unmöglich, die Augen vor den Hinweisen zu verschließen, dass die Kriegsfront immer näher rückte. Überall standen Grüppchen zusammen, die Leute flüsterten und tuschelten. Niemand gab es offen zu, aber die Flüsterpropaganda war nicht zu überhören: Die Wehrmacht sei so gut wie am Ende, die Russen kämen immer näher. Meine Mama war schon ganz krank vor Angst. Weihnachtsfreude konnte dabei nicht mehr aufkommen.

4 Mit dem letzten Transport gen Westen

Im Januar 1945 hieß es: Wer Verwandte im Westen hat und eine Adresse angeben kann, erhält eine Ausreisegenehmigung. Also hielten wir Kriegsrat. Mit dabei waren unsere Verwandten – zwei von Papas Schwestern mit ihren Familien und Oma. Wir benachrichtigten auch Tante Njuta mit ihrer Familie und meine Schwester Emmy, die in Zoppot im Lazarett arbeitete. Allen gaben wir eine Anschrift an, nämlich die von Tante Tina, ebenfalls eine Schwester unseres Papas, die mit ihrer großen Familie in Radebeul in der Nähe von Dresden wohnte. Emmy sollte mit uns zusammen flüchten, weil es mit Peter im Winter sehr schwer war. Er konnte ziemlich schlecht gehen, und Mama und ich waren nicht besonders kräftig. Leider bekam Emmy keine Erlaubnis. Auch von ihr haben wir nie wieder gehört.

Wir machten uns ans Packen. Der Pferdekutscher des Lagers brachte uns mit seinem Wagen zum Bahnhof. Ab jetzt begann für uns eine andere Zeit. Ich wurde in diesem Monat vierzehn, und da Emmy nicht mehr bei uns war, musste ich alles organisieren, während Mama sich um Peter kümmerte.

Mama hatte kleine Rucksäcke genäht, in denen wir das Allernotwendigste aufbewahrten. Die wichtigsten Dokumente trug sie sicher eingenäht in der Innentasche ihres Mantels. Nachdem ich das Gepäck abgegeben und die Fahrkarte gelöst hatte – ich beobachtete immer zuerst die anderen, damit ich auch nichts falsch machte –, gingen wir zum Bahnsteig, wo der Zug schon stand, der in unsere Richtung fuhr. Es war bitter kalt. Der festgetretene Schnee auf den Bahnsteigen hatte sich in tückische Glätte verwandelt. Vor allem für Peter war es schwierig, sich auf der glatten Fläche zu bewegen. Nervös näherten wir uns der ersten Wagentür. Würden wir Platz finden? Würden meine Mutter und mein kleiner Bruder eine Sitzgelegenheit bekommen?

Wir stiegen ungehindert ein und fanden auch noch Sitzplätze. Noch! Später wurde das Zugfahren zu einer Katastrophe. Aber zuerst einmal verlief alles gut, bis zu dem ersten Bahnhof, an dem wir umsteigen mussten. Unsere Verwandten waren auch noch da, sodass wir uns nicht verlassen fühlten.

Das Umsteigen wurde zu einem riesigen Problem. Ein Zug nach dem anderen rollte fauchend durch den Bahnhof, brechend voll, sogar die Plattformen voller Menschen. Wie sollten wir hier je wegkommen?! Unser Schicksal schien besiegelt.

Endlich hielt ein Zug an, einige stiegen aus, aber sehr viel mehr wollten einsteigen. Das Gedränge war unbeschreiblich. An jeder Wagentür bildete sich ein dickes Knäuel von Menschen, die sich in die verstopfte Öffnung zwängen wollten. Da ertönte auch schon das Signal zur Abfahrt, ein Stöhnen ging durch die Menge. Alle unsere Verwandten waren drinnen, niemand hatte sich um uns gekümmert – eine ältere Frau, ein junges Mädchen und ein hilfloser Junge. Rette sich, wer kann, das war die Devise.

Ich weinte, nicht aus Traurigkeit, sondern vor Wut, eine Wut, die sich in eine wilde Entschlossenheit verwandelte: Wir werden hier auf jeden Fall wegkommen! Ich ging zu einem Bahnbeamten und flehte ihn an, für uns noch eine Möglichkeit zu finden. Ich schilderte ihm unsere missliche Lage und ließ meinen Tränen freien Lauf, um sein Mitleid zu wecken. Mit meinen fast vierzehn Jahren war ich ein schmächtiges Mädchen. Vielleicht war er selbst Vater eines Mädchens oder eines Jungen in meinem Alter und wusste nicht, wie er sie aus diesem Krieg retten sollte.

Der nächste Zug hielt. Überfüllt – wie konnte es auch anders sein. Und Hunderte von Wartenden stürmten zu den Türen, noch bevor der Zug richtig stand. „Alles voll, alles voll!", schrien die Fahrgäste aus den Fenstern und von den Rampen. Aber wir hatten ja unseren Bahnbeamten. Er konnte sich nicht um alle Menschen kümmern, sondern nur um wenige, zum Beispiel solche, die ihn rührten, die ihn an seine Familie erinnerten, zum Beispiel um solche wie wir. Er befahl uns, die Rucksäcke abzustreifen und sie einfach auf dem Bahnsteig liegen zu lassen. Bestimmt ahnte er, dass wir uns damit von unserm letzten Besitz trennten. Jetzt hatten wir nichts mehr, nur noch unsere Kleider am Leib und unser unversehrtes Leben.

Dann verschaffte der beherzte Bahnbeamte sich Platz an der Tür, stellte meinen Bruder Peter noch vorne auf das Trittbrett, schob Mama und mich dahinter und bugsierte uns dann mit aller Kraft und mit der ganzen Autorität seiner Uniform in das Abteil. Wir waren drinnen, das war die Hauptsache.

Dicht an dicht gedrängt standen wir nun da, zusammengequetscht wie Heringe in der Dose. Der schrille Pfiff der Lok, der mir zuvor noch beim anderen Zug wie ein Schrei der Hoffnungslosigkeit vorgekommen war, schien mir jetzt wie Sphärenmusik. Es war der 28. Januar 1945, ich feierte bei dieser Fahrt meinen vierzehnten Geburtstag. Es war ein seltsamer Geburtstag. Noch wussten wir nicht, ob wir aus diesem Krieg mit dem Leben davonkommen würden, aber eben waren wir der nahen Katastrophe noch gerade so entronnen. Es schien mir, als ob wir durch eine unendliche Nacht fuhren, in der sich das rhythmische Schienengeratter mit vorbeihuschenden Lichtstreifen und der gefühllosen Dunkelheit mischte.

Ich weinte und weinte und konnte keinen schönen, aufhellenden Gedanken fassen. Mama stand an die Seitenverkleidung gelehnt, zwischen uns hielten wir Peter, damit er nicht zusammensackte, denn er konnte im schwankenden Wagen nicht alleine auf den Beinen stehen. Nur kurze Zeit wurde die Nacht zum Tag. Die Landschaft lag unter einer dicken Schneedecke, die noch immer dicker wurde, weil es nicht aufhörte zu schneien.

Das Gefühl für die Zeit ging mir allmählich verloren. Waren wir Tage unterwegs, waren es nur Stunden? Wie lange wir nichts mehr gegessen hatten – ich wusste es nicht. Ein Soldat öffnete bisweilen das Fenster und holte vom Wagendach einen Batzen Schnee, den er an uns verteilte. Mit dem Schnee rieben wir uns den trockenen Mund ein und steckten ihn auch krümelweise in den Mund. Noch heute habe ich den rauchigen Geschmack dieses Schnees vom Wagendach auf der Zunge, wenn ich an diese schreckliche Fahrt denke.

Dann verlor der Zug an Geschwindigkeit und blieb schließlich in einem großen Bahnhof stehen. „Endstation Stettin. Alles aussteigen", schallte es von vorne nach hinten durch die Wagen. „Von hier gehen keine Züge mehr", hieß es. Wenn man sich die Landkarte ansah, hatten wir den richtigen Zug genommen. Von Neustadt aus war Stettin die direkteste Verbindung, wenn wir in den Westen wollten. Doch die Front verlief nicht in einer Nord-Süd-Richtung, und so kam es, dass die Russen Stettin schon eingekreist hatten und wir mit dieser Bahnverbindung geradewegs in eine Sackgasse gefahren waren. Wir folgten den anderen Flüchtlingen und kamen in die Kellerebene des Bahnhofs, wo ebenfalls alles voller Flüchtlinge war. Sie warteten auf einen letzten Zug, der sie aus der russischen Umzingelung befreien würde.

In einer Ecke fanden wir ein freies Plätzchen. Peter und ich hockten uns auf den kalten Boden und lehnten unsere Köpfe an Mamas Beine. Die Anspannung ließ ein wenig nach, dafür überfiel uns eine schreckliche, lähmende Müdigkeit, die ein wohliges Einschlafen verhinderte. Mama aber blieb neben uns stehen, erfüllt von einer übermenschlichen Kraft, so schien es uns. Müde wurde sie anscheinend nie.

Neben uns saß ein junges Mädchen. Mit ihren blonden langen Locken sah sie aus wie eine aus dem Märchenbuch entstiegene Prinzessin. Schon verspürte ich ein wenig Mitleid mit ihr, weil sie wohl ganz alleine unterwegs war, anscheinend verlassen von allen Verwandten und Bekannten. Aber dann stellte sich heraus, dass das Mädchen auf ihren Freund gewartet hatte, denn plötzlich tauchte ein junger Matrose auf – Stettin war ein Seehafen – und flüsterte ihr etwas zu. Mama hatte den jungen Mann auch bemerkt und lauschte aufmerksam, was er seinem Mädchen ins Ohr hauchte.

„Komm schnell mit", sagte er, „es geht noch ein Militärtransport, es ist der letzte, der dich hier herausbringen kann. Der Zug geht nach Berlin. Wenn du dich beeilst, kannst du mit."

„Ach Herr, dürfen wir auch mit?", flehte meine Mutter den Matrosen an.

„Seien Sie still, gute Frau", zischte der Mann, „wenn die anderen das mitbekommen, ist hier die Hölle los. Kommen Sie mit, aber verhalten Sie sich ruhig, damit kein Tumult entsteht."

Leise standen wir auf und schlichen an den Bahnsteig, an dem tatsächlich eine Lokomotive stand. Hinter ihr erblickten wir eine lange Reihe von Güterwagen. Alles war ruhig. Aus dem Lok-Schornstein ringelte sich weißer Rauch. Es war eine stille Nacht vor dem großen Sturm. Wir traten näher heran. Unsere Beine wurden weich, aus Müdigkeit, aber auch aus Angst, dass uns jemand abweisen könnte. Vor Aufregung bekamen wir die Lippen nicht auseinander, um die wichtigste Frage zu stellen. Aber da ging eine Schiebetür auf. Soldaten streckten uns helfende Hände entgegen und zogen uns zu sich hinein. In der Mitte des Wagens leuchtete eine kleine Lampe. Ein gusseiserner Ofen spendete wohltuende Wärme. Ein Offizier befahl einem Soldaten, frisches Stroh in eine Ecke zu legen, wo wir uns niederlassen durften.

Wir verließen Stettin mit dem Gefühl, aus der Hölle ins Paradies gerettet worden zu sein. Die Soldaten servierten uns heißen Kaffee und belegte Brote, und wir durften so oft nachfassen, bis uns beinahe der Bauch platzte. Diese Militärs hatten wirklich ein gutes Herz. Während der deutschen Besatzungszeit und auf der gesamten Flucht haben wir häufig Wehrmachtsleute getroffen, die uns außergewöhnlich freundlich behandelt haben. Viele von ihnen waren so jung.

Nach dem Essen legten wir uns ins Stroh und schliefen vor Erschöpfung sofort ein. Kurz vor Berlin weckten uns die Soldaten und wiesen uns darauf hin, dass wir in der Reichshauptstadt aussteigen müssten. Als der Zug dann an seinem Ziel angekommen war, verabschiedeten wir uns von unseren Wohltätern und verließen den Wagen. Gepäck hatten wir keines mit, sodass wir uns nur um uns selbst und um Peter kümmern mussten.

In keinem Augenblick kam es für uns in Frage, in Berlin zu bleiben. Unser Ziel war, so weit wie möglich in den Westen zu reisen, so weit weg wie möglich von den Kommunisten. Außerdem hatten wir uns mit unseren Verwandten verabredet. In Radebeul bei Dresden wollten wir uns treffen. Jetzt musste ich zusehen, wo ich Karten für die Weiterfahrt in Richtung Westen bekam.

Noch nie war ich in einem so gigantischen Bahnhof gewesen. Da ich mich sowieso schlecht orientieren kann, fühlte ich mich richtig verloren. Ich musste sehr aufpassen und mir verschiedene Anhaltspunkte merken. Vieles war zerbombt und kaputt, aber ich hatte eine gute Nacht gehabt, ein gutes Frühstück verzehrt und konnte nun auch meine Zähne wieder auseinanderbringen. So fragte ich mich überall durch, bis ich schließlich an den richtigen Fahrkartenschalter kam und für uns drei Fahrkarten nach Radebeul kaufen konnte. Radebeul lag zwar nicht im Westen und damit weiter von der Front entfernt, sondern im Süden, aber in Radebeul wohnte Tante Tina. Radebeul war der verabredete Treffpunkt.

Anhand meiner Merkpunkte fand ich auch wieder zurück zu Mama und Peter. Am betreffenden Bahnsteig wartete schon der Zug. Von hier aus waren die Züge allgemein nicht mehr so überfüllt, außerdem war es noch ziemlich früh am Morgen. Jedenfalls konnten wir uns in aller Ruhe freie Plätze aussuchen. Es ging nach Dresden, wobei wir unterwegs umsteigen mussten. Dresden war – noch – völlig intakt. Als deklarierte Rotkreuz-Stadt voller Verletzter und Verwundeter war es von Bombardierungen verschont geblieben, was sich allerdings in der Nacht vom 13. auf den 14. Februar ändern würde – also wenige Tage nach unserer Ankunft.

Aber zunächst einmal ließen unsere große Anspannung und die ganz große Angst etwas nach. In nur drei Monaten würde der Krieg ein Ende haben, was wir natürlich nicht wissen konnten, aber dass das Kriegsende bevorstand, ahnten wir. Allmählich fühlten wir uns besser, denn wir hatten die Anschrift von unserer Tante Tina, die ganz in der Nähe lebte. Mit der Straßenbahn konnte man direkt nach Radebeul fahren. Der Schaffner war uns behilflich und sagte uns, wo wir aussteigen mussten.

Bei Tante Tina gab es eine herzliche Begrüßung. Ihr Mann war zu Hause – als Gehbehinderter musste er nicht zur Wehrmacht –, auch die fünf Töchter, eine schöner als die andere, und ein zwölfjähriger Sohn. Aber noch eine Überraschung wartete auf uns: Wir konnten unsere Oma und Tante Njuta in die Arme schließen, denen die Flucht ebenfalls gelungen war. Aber Tante Mariechen und Onkel Serjoscha mit ihren drei Kindern, die uns in Neustadt einfach auf dem Bahnsteig hatten stehen lassen, waren noch nicht da. In den folgenden Tagen kamen sie aber auch an, sie hatten ebenfalls eine katastrophale Reise hinter sich.

Das Haus von Tante Tina hatte viel Platz, aber so viele Gäste konnten hier unmöglich übernachten. Am nächsten Tag ging es deshalb zum Einwohnermeldeamt, was mir aber nicht viel ausmachte, denn ich war ja nicht mehr allein, sondern konnte mit Tante Njuta rechnen, die mir dann auch beim Ausfüllen der Formulare behilflich war. Neben einer Wohnung mussten wir Lebensmittelkarten beantragen. Alles ging ohne Komplikationen über die Bühne.

Wir bekamen ein Zimmer bei einem alten Ehepaar zugewiesen. Die Frau hatte schlohweißes Haar und ein sehr liebes Gesicht. Ihr schönstes Zimmer, das Wohnzimmer, stellte sie uns zur Verfügung. Die Sofas und Sessel waren aus rotem Samt und zwischen die Sitzgarnitur hatte sie ein kleineres Bett gestellt mit schönen weißen, kuscheligen Federbetten. So weich hatten wir noch nie in unserem Leben geschlafen. Die Frau sagte mit Tränen in den Augen: „Wir haben nur einen Sohn, und der ist an der Ostfront. Wenn wir dies für Flüchtlinge tun, lässt Gott vielleicht auch unserem Sohn Gutes widerfahren."

Leider konnten wir bei diesen wunderbaren Menschen nicht lange bleiben, denn die Front rückte wieder näher. Aber bevor wir uns weiter auf die Flucht begaben, erlebten wir noch, wie Dresden, die Rotkreuz-Stadt, von amerikanischen und britischen Bombern in Schutt und Asche gelegt wurde. Wir hatten mit Radebeul quasi einen Logenplatz, von dem aus wir das schreckliche Schauspiel unter einem hell erleuchteten Himmel erlebten. Zunächst warfen 773 britische Bomber in zwei Angriffswellen gewaltige Mengen an Sprengbomben ab. Durch die Zerstörung der Dächer und Fenster konnten die anschließend abgeworfenen etwa 650.000 Brandbomben eine größere Wirkung entfalten. Nach der ersten Angriffswelle wurden 13- bis 14-jährige Jungen in Lkws in die Altstadt gekarrt, wo sie als Helfer eingesetzt werden sollten. Bei der zweiten Welle kamen sie alle ums Leben.

Ein Feuersturm raste durch die Stadt und zerstörte rund 80.000 Wohnungen. Die Hitzeeinwirkung deformierte sämtliches Glas in der Innenstadt. Dem britischen Nachtangriff auf die ungeschützte Stadt, die über keinerlei Luftabwehr verfügte, folgte am Tag die Flächenbombardierung durch 311 amerikanische Bomber. Am 15. Februar musste das bereits vollständig zerstörte und mit schlesischen Flüchtlingen überfüllte Dresden einen weiteren Angriff der US-Luftwaffe überstehen. Weit über 35.000 Zivilisten verloren ihr Leben.

Nichts hätte uns besser vor Augen führen können, dass wir wieder unsere Siebensachen – jetzt hatten wir wenigstens wieder sieben Sachen – packen mussten, um weiter nach Westen zu ziehen. Thüringen lag nicht nur westlich, wir hatten auch eine Adresse einer thüringischen Bekannten. Papiere und Fahrkarten für die Weiterfahrt waren ohne Schwierigkeiten zu bekommen. Dieses Mal fuhren wir in der ganzen Gruppe. Alle – mit Ausnahme von Tante Tina und ihrer Familie. Wir hatten unsere Heimat schon verloren, mussten jetzt nur unseren Aufenthaltsort wechseln, sie aber hatten ein schönes Haus, die Töchter gute Ausbildungsstellen. Nein, redeten sie sich ein, der Russe würde bestimmt nicht bis Dresden kommen. Viele Jahre später haben wir erfahren, dass sie wie tausend andere nach Sibirien verschleppt wurden und Schreckliches erlebten, besonders die hübschen Mädchen. Denn sie galten den Russen ja als Sowjetbürger.

Unser Ziel lautete jetzt: Sonneberg in Thüringen. Als wir da ankamen, hieß es aber, wir könnten nicht dort bleiben. Das Dorf Neufang wurde uns zugewiesen. Es lag auf einer Höhe mitten im Thüringer Wald. Dort wurden wir vorerst in einer Schule einquartiert. In der Nähe war eine Gaststätte, in der wir für unsere Lebensmittelkarten Mittagessen bekamen.

Einige Frauen aus unserer jetzt wieder ziemlich großen Gruppe mussten dort beim Kartoffelschälen und Gemüseputzen mithelfen. Das Essen schmeckte uns nicht, obwohl wir ständig Hunger hatten. Auch mit dem thüringischen Dialekt hatten wir unsere Schwierigkeiten. An einen Spruch kann ich mich noch erinnern, den meine Tante aus der Küche mitbrachte. Bei einem Fliegeralarm in den letzten Tagen des Krieges rief eine alte Frau aus: „Ach, Guttela, guttela, da kümmt a Fliegela und wirft a Bomela." Der Spruch blieb bei uns Kindern haften und jedes Mal, wenn die Sirenen aufheulten, riefen wir: „Ach, Guttela, guttela, da kümmt a Fliegela und wirft a Bomela."

Als die Schule wieder begann, wurden wir, Mama, Peter und ich, privat bei einem Bauernehepaar untergebracht. Die Frau und der Mann nahmen uns nur widerstrebend auf. Sie wiesen uns ein sehr kleines Zimmer zu, in dem ein zweistöckiges Bett, ein Tisch und ein Stuhl standen. Das Bett war noch nicht mal mit einer Strohmatratze oder einer Decke ausgestattet. Das Zimmer wurde nicht geheizt und war kalt. Wir froren die ganze Zeit und schliefen in unseren Sachen. Vor der Kapitulation hatten wir noch die Lebensmittelkarten und konnten uns etwas zu essen kaufen, aber später hungerten wir, während die Bauern im Leiterwägelchen ihr Brot von der Bäckerei abholten. Große, braune, schmackhafte Brote – aber nicht für uns.

Kurz vor der Kapitulation öffneten unten im Tal in Sonneberg die Geschäfte, und die Ware wurde an die Bevölkerung verschenkt. Als wir – mein Cousin Valentin, seine Schwester Rita, meine Cousine Mizi und ich – das hörten, machten wir uns auf den Weg, und zwar im Laufschritt. Neufang, unser Dorf, lag etwa 350 Meter über Sonneberg am Rand der Hochfläche des Thüringer Waldes. Die mehrere Kilometer lange, teilweise sehr steile Alte Neufanger Straße wurde im Winter zum Rodeln und Bobfahren für den öffentlichen Verkehr gesperrt.

Wir Kinder liefen nun ohne Pause die paar Kilometer bis zur Stadt. Bis zum Friedhof kamen wir, da heulten die Sirenen, und wir warfen uns zwischen die Gräber. An unseren neuen Spruch dachten wir jetzt vor lauter Angst nicht. Die amerikanischen Flugzeuge warfen nicht nur Bomben auf die Stadt, sondern flogen ganz niedrig und schossen mit Maschinengewehren – wie wir wussten. Aber den Friedhof ließen sie in Ruhe. Als sie abgedreht hatten, atmeten wir auf und liefen in die Stadtmitte.

Glück war uns beschert. In vielen Geschäften bekamen wir Sachen. Wir konnten sie kaum schleppen. Zwischendurch gab es immer wieder Fliegeralarm, bei dem wir uns in einer schmalen Straße oder in einer Ecke versteckten. Nach vielem Hin und Her kamen wir gegen Abend nach Neufang, zum Umfallen müde und hungrig. Valentin, mein Cousin, lud uns zu sich nach Hause ein. Seine Mutter, Tante Mariechen, lud uns zum Essen ein. Anschließend schlug Valentin vor, wir sollten die in Sonneberg gesammelten Sachen alle in ihrem Haus lassen und morgen abholen. Hätte ich nur meine Sachen gleich eingepackt! Ich war aber so müde, dass ich einwilligte und schnell zu Mama lief. Bei ihr ließ ich mich ins Bett fallen und schlief sofort ein.

Als ich dann am nächsten Tag meine Sachen abholen wollte, hatte Valentin alles in vier ungleiche Teile geteilt. „So ist es am allerbesten", sagte er, „und auch am gerechtesten." Einige Dinge waren allerdings verschwunden und nicht in die große Verteilaktion eingeflossen. Nun ja, besser so als überhaupt nichts. Streiten brachte nichts, und so zog ich enttäuscht ab.

Aber zu Hause herrschte eitel Sonnenschein, denn auch Mama war auf eigene Faust nach Sonneberg gegangen und hatte sich auf dieser Einkaufstour reichlich eingedeckt. Unser Vorrat war uns jetzt bei unseren Umtauschaktionen für Lebensmittel bei den Neufanger Bauern nützlich.

Am nächsten Tag – es war in der ersten oder zweiten Aprilwoche 1945 – hingen überall weiße Laken aus den Fenstern. Amerikanische Panzer zogen durch das Dorf. Der Krieg war zu Ende. Neufang hatte die Katastrophe überstanden, ohne äußeren Schaden zu nehmen.

Der Frühling war eingekehrt, die Natur hatte sich ganz in Grün gekleidet, überall blühten Blumen und Sträucher, die Temperaturen stiegen über zehn Grad, der Kriegslärm hatte aufgehört, alles war so wohltuend still.

Wruke mit Porree

Onkel Peter und Onkel Sergej, die Männer von Papas Schwestern, stach der Hafer. „Wir gehen hamstern", beschlossen sie und nahmen sich die Sachen, die wir in Sonneberg ergattert hatten. Mama wollte partout mit. Die Männer lenkten ein, stellten aber auf ihre mennonitische Männerart knallhart eine Bedingung: „Komm mit, aber wir nehmen keine Rücksicht auf dich. Wenn du nicht mithältst, musst du zurückbleiben." Mit ihrer harten Linie hatten sie recht, denn sie mussten in die weiter entfernten Dörfer gehen, weil im nahen Umkreis nichts mehr zu holen war. Mama war einverstanden.

Peter und ich blieben zu Hause auf unserem Zimmer. Mit einer großen Kohlrübe und Porree sollten wir derweil über den größten Hunger kommen. Die Wruke teilte ich in vier Rationen, für jeden der vier Tage ein Stück. Mit Porree, Wasser und Salz dünsteten wir die Rübe und hielten uns damit über Wasser.

Vier Tage wollten unsere Familienangehörigen wegbleiben. Wir hatten uns auf eine ziemlich magere Woche eingestellt, aber am vierten Tag kam es anders. In der Nachbarschaft wohnte ebenfalls eine Flüchtlingsfamilie, ein junges Paar mit zwei kleinen Kindern. Einmal standen Peter und ich am Zaun und schauten zu ihnen hinüber. Vielleicht stand uns der Hunger in den Augen geschrieben. Die Frau hatte das Baby auf dem Arm und unterhielt sich sehr freundlich mit mir: „Na sag mal, Agnes, du bist für das Mittagessen zuständig? Was bereitest du denn zu?"

„Ein Viertel Wruke mit Porree", antwortete ich.

„Ach so", sagte die Nachbarin, „und was gibt es morgen?"

„Ein Viertel Wruke mit Porree", antwortete ich und konnte meine Verlegenheit schon nicht mehr verbergen.

Ihr Gesichtsausdruck war jetzt eine Mischung aus Grinsen und Mitleid. „Was", sagte sie, „habt ihr nichts zu essen? Ja, dann seid ihr heute bei uns zum Mittagessen eingeladen."

Was auf dem Tisch stand, weiß ich nicht mehr. Es war aber sehr lecker, und die Frau sagte schelmisch: „Esst so viel, wie ihr könnt. Aber nicht mehr." Was wir uns nicht zweimal sagen ließen.

Ihr Mann sprach sehr gut Englisch, er war bei den Amis Dolmetscher. Seine Gehbehinderung hatte ihn vor dem Krieg gerettet. Bei den Amerikanern bekam er so viel Verpflegung, dass es auch für seine Familie reichte.

Am Abend des vierten Tages ohne Mama kam um sieben Uhr ein Junge die Bergstraße von Sonneberg heraufgerannt und rief: „Unten am Berg sind eine Frau und ein paar Männer, die bestellen, ihr sollt schnell runterkommen, um zu helfen, sonst sind sie nicht bis acht Uhr zu Hause." Die Amerikaner waren streng. Ab acht Uhr abends war Ausgangssperre, zu einer Zeit, in der sich eigentlich noch niemand ins Haus zurückziehen wollte.

Ich trommelte schnell die jungen Leute aus unserer Verwandtschaft zusammen. Im Nu waren wir unten. Hochzusteigen dauerte dann etwas länger. Da schleppten sich Mama und die beiden Onkel keuchend und vollgepackt hoch. Wir nahmen ihnen die Lebensmittel, Kleidungsstücke, die sonstigen Waren und den kleinen, vollbepackten Leiterwagen ab, und sie kamen langsam hinterher. Die Glocken schlugen schon acht Uhr. Wenn uns die Amerikaner jetzt erwischten, konnten wir mit einer saftigen Strafe rechnen. Die Amis hatten aber anscheinend Besseres zu tun, niemand hielt uns auf.

Bei Valentins Haus angekommen, nahmen wir unseren Anteil vom Wagen und schleppten uns die letzten paar hundert Meter hoch. Ich war schon gespannt darauf, welche Überraschung in den verschiedenen Säckchen und Beuteln steckte, aber am meisten freute ich mich, dass Mama wohlbehalten wieder da war.

In unserem Stübchen sollte es ans Auspacken gehen. Mama wollte sich aber zuerst frisch machen, die Füße brannten ihr so. Die Sohlen waren durch, sie hatte schon Pappe in die Schuhe gelegt. Ihre Füße waren voller Blasen. Sie erzählte, wie sie auf halbem Wege mit den Männern nicht mehr Schritt hatte halten können. Im Dorf, das sie gerade durchquerten, wollte sie bleiben. Sie fragte nach Arbeit und bekam auch Angebote. Bei einer Familie, der sie die schmutzige Wäsche wusch, durfte sie übernachten. Schnell sprach sich herum, dass da eine tüchtige Frau im Dorf war, und sie wurde zu verschiedenen Arbeiten geholt. Als Entgelt erhielt sie Lebensmittel, was auch von vornherein so abgemacht war. Übernachten konnte sie weiterhin bei der Bäuerin, der sie die Wäsche gemacht hatte.

Für diese Großzügigkeit half Mama nach Feierabend bei Näh- und Flickarbeit aus. Die Frau des Hauses hatte ein gutes Herz, sie gab ihr über den gerechten Lohn hinaus noch ein großes Brot, Butter und Quark mit. Eine andere Frau brachte Schmalz und Grieben vorbei. Diese Waren konnte Mama umtauschen, und sie bekam bei den Bauern immer noch mehr, als abgemacht war. Als die Männer auf dem Rückweg Mama abholten, staunten sie nicht schlecht über die Geschäftstüchtigkeit meiner Mutter.

„Nehmt Brot und Butter und esst euch satt, Peter und Agnes", forderte Mama uns jetzt auf. Weiter kam sie nicht mehr. Sie fiel ins Bett, schloss die Augen und schlief ein. Peter und ich packten alles aus und stellten es auf den Tisch. Schließlich nahmen wir das Brot in Angriff. Wir aßen große Schnitten mit Butter oder Schmalz, bis wir beinahe platzten. Dann warfen wir noch einen Blick auf Mama. Die schlief aber fest. Wir waren restlos glücklich. Ich kletterte nach oben auf das Bett, Peter musste vor Mamas Fußende schlafen, denn alleine konnte er nicht nach oben klettern.

Allmählich ging das Leben wieder seinen geregelten Gang. Wir bekamen Lebensmittelkarten, aber wir mussten nach Sonneberg einkaufen gehen, denn in Neufang wurden keine Läden eröffnet. Meine Onkel bekamen in Sonneberg bei den

Amerikanern in der Küche Arbeit. Unsere Zeit bei dem muffigen Bauernpaar hatte ein Ende. Beide Seiten waren froh, als man voneinander Abschied nahm.

Zu unserer Überraschung durften die Flüchtlinge kleine Behelfsheime beziehen, Häuschen aus Holz, ganz nah bei Sonneberg im Wald. Die Unterkunft war speziell für uns gebaut worden, wir zogen als Erste ein. Ein kleiner Flur, Wohnküche und ein Schlafzimmer, alles sehr klein, aber für Mama, Peter und mich wie geschaffen. Ein kleines Wunder war passiert. Endlich hatten wir eine eigene Wohnung! Wir waren glücklich. Im Wald reiften schon die ersten Beeren. Die Zuckerrationen teilten wir sehr sorgfältig ein, um von diesen Beeren Marmelade zu kochen. Die Männer brachten aus der Küche der Army viele Essensreste mit, die wir sehr gut verwerten konnten.

War dies das Happy End nach unserer Flucht? Schon allein die Tatsache, dass sich alles zum Guten gewendet hatte, machte uns stutzig. Wir waren es nicht gewohnt, einfach so und ohne Not zu leben. Diese Idylle würde uns nicht lange erhalten bleiben, das schien uns sicher. Und bald traf uns tatsächlich der nächste Schlag.

Thüringen geht an die Sowjets!

Im Juli 1945 traten die Amerikaner im Tausch gegen einen Sektor von Berlin Thüringen an die Russen ab. Alle deutschen Flüchtlinge aus den Ostgebieten, die sich zu dieser Zeit in Thüringen aufhielten, konnten noch ohne Not in den Westen wechseln. Solange das Deutsche Reich noch existierte, waren wir bei Deutschen und Amerikanern als Russlanddeutsche anerkannt. In den Augen der Sowjets aber waren wir russische Staatsbürger, die quasi desertiert waren. Als das Deutsche Reich aufhörte zu existieren, griff die Rote Armee sich über 20.000 russlanddeutsche Mennoniten und verfrachtete sie zurück nach Russland, meist in die schrecklichen sibirischen Arbeitslager. „Dabei leistete die britische und amerikanische Militärpolizei fleißige Zulieferdienste im Dienste der Unmenschlichkeit", schreibt Horst Gerlach in seinem Buch „Die Russlandmennoniten". In Bielefeld luden stämmige amerikanische Militärpolizisten weinende Frauen, Kinder und Greise auf Lkws, um sie den Sowjets auszuliefern.

Eine Gruppe von Mennoniten hatte es bis nach Holland geschafft, aber selbst in den Niederlanden wurden sie von Angehörigen der Roten Armee verfolgt und belästigt. Weil die Mennoniten auf ihre niederländische Abstammung verwiesen und die holländische Regierungsstelle nicht nachgab, blieb ihnen aber das Schicksal, nach Sibirien verschleppt zu werden, erspart.

In vielen Fällen, in denen die Rote Armee keine Gewalt anwenden konnte, weil die Flüchtlinge schon außerhalb des roten Einflussbereiches waren, versuchten Politkommissare, die Flüchtlinge mit hohlen Versprechungen zu locken. So manch einer fiel auf die Phrasen herein – und musste bitter dafür bezahlen. Die Russen brauchten billige Arbeitskräfte für ihre Fabriken und Bergwerke im Osten – an guten Bürgern hatten sie kein Interesse.

Die politische Lage durchschauten wir nicht. Nur eines war für uns klar: Wenn die Russen Thüringen übernahmen, dann ging es uns an den Kragen. Nichts wie weg hier, lautete daher die Parole. Im Unglück hatten wir Glück und erlebten Gottes Bewahrung. Unsere Männer in der Army-Küche flehten die Militärs an, die Bewohner der Behelfsheime in die amerikanische Zone nach Bayern hinüberzubringen. Die Amerikaner sagten schließlich „Yes". Sie kamen mit einem riesigen Lkw vorbei, luden uns alle auf und fuhren in Richtung Bayern – wie wir zumindest glaubten.

Nach einigen Minuten hielten sie vor einem großen Tor. Darüber hing ein großes Schild mit der Aufschrift: „Sammellager nach Russland" – auch in russischer Sprache. Wir schrieen und weinten. Jetzt war es aus! Hätten wir gewusst, dass die Amerikaner tatsächlich in vielen Fällen den Russen Flüchtlinge übergaben, wäre auch unser letztes Fünkchen Hoffnung erloschen. Als wir so weinten und schrien und die Hände vors Gesicht hielten, lachten die amerikanischen Soldaten und bedeuteten ihrem Fahrer, Gas zu geben. Sie hatten sich einfach einen Spaß gemacht. Aber schließlich verziehen wir ihnen, denn sie brachten uns tatsächlich nach Bayern. In einem Wald nahe bei Bamberg luden die GIs uns ab, sagten „Bye-bye" und waren hinfort nicht mehr gesehen.

Von diesem Zeitpunkt an hatte für uns alle Verfolgung ein Ende, was wir jedoch noch nicht wissen konnten. Unser völkerrechtlicher Status war fraglich, jeden Moment konnten die Russen auch in Bayern auftauchen und uns deportieren. Aber das Gefühl der Sicherheit nahm zu, besonders bei uns jungen Leuten. Bei den Alten hatte sich die Angst vor dem Kommunismus fest eingenistet. In Europa fühlten sie sich nirgends mehr sicher.

5 Bloß nicht nach Paraguay!

Jetzt aber standen wir erst einmal vor Bamberg in einem dunklen Wald. Ein paar Männer und Frauen machten sich auf den Weg, um eine Unterkunft zu suchen. Tatsächlich fanden sie, immer noch im Wald, ein paar leer stehende Baracken. In einer Hütte wohnten schon Leute, es waren Russen. Eine andere, lang gestreckte Baracke nahmen wir in Augenschein – sie war unglaublich verdreckt. Die Russen gaben uns Schmierseife und ein paar Bürsten. So machten wir uns sofort an die Arbeit und schrubbten die Wände. Wir waren fünf Familien, und jeder musste mithelfen.

Als die Wände wieder in einem akzeptablen Zustand waren, kam der Fußboden dran, auf dem der Dreck zu einer zehn Zentimeter dicken Schicht festgetrampelt war. Wir ließen uns auf die Knie nieder und kratzten den Schmutz ab. Dann schrubbten und scheuerten wir so lange, bis der Boden endlich sauber war. Später erfuhren wir, dass dies ein Kriegsgefangenenlager gewesen war. Wir waren würdige Nachfolger.

Die Männer waren indessen in die nahe Stadt gegangen und hatten für uns alle das Wohnrecht und die Erlaubnis für den Anschluss an Strom und Wasser geholt. Außerdem hatten sie alle eine Arbeit bekommen – bei den Amerikanern in der Küche! Die Referenzen aus Sonneberg hatten wohl ihre Wirkung getan.

Zunächst kochten die Frauen draußen, aber so nach und nach brachten sie sich in den Besitz von kleinen Öfen, die dann auch in den Baracken installiert wurden. Jetzt im Juli wollte noch keiner vom Winter reden, aber insgeheim beschäftigte sich schon jeder in Gedanken an den Einzug der Kälte – auch dagegen wollten wir uns früh wappnen. Im Augenblick genügte das trockene Reisig, das draußen überall auf dem Boden lag, für ein kurzes Feuerchen, um das Essen zu kochen. Im Topf war auch immer genug, um den Hunger zu stillen, denn die Behörden verteilten wieder Lebensmittelkarten. Langsam konnten wir uns entspannen. Aber immer, wenn wir ans Entspannen dachten, passierte etwas, was uns neu in Angst und Schrecken versetzte.

Eines Abends hörten wir das Geräusch eines Autos. Noch war nicht klar, ob sich das Fahrzeug den Baracken näherte. Aber wir waren gewarnt, rafften schnell ein paar Klamotten zusammen und verschwanden im Wald. Leider waren nicht alle so schnell wie wir. Aus der Ferne hinter einer gut schützenden Hecke konnten wir sehen, wie sich die Scheinwerfer langsam den Baracken näherten. Bald darauf entfernten sie sich wieder.

Nach einer Stunde des Abwartens gingen ein paar mutige Männer hinunter. Die Baracken waren menschenleer, die russischen Bewohner waren verschwunden und tauchten auch nie mehr auf. Jemand hatte wohl den Sowjets hinterbracht, dass hier oben russische Flüchtlinge wohnten, bevor wir hierhergekommen waren. Aus diesem Grunde hatten die Soldaten nicht nach uns, sondern nach den anderen Bewohnern gesucht.

Die Männer riefen uns zu sich. Scheu kamen wir hinter den Bäumen hervor. Die Stille war beunruhigend. Trotz der Finsternis traute sich niemand, Licht anzuknipsen. So schnell wie möglich wollten wir diesen Platz verlassen und Quartier in der Stadt suchen.

Unsere Verwandten hatten keine Schwierigkeiten mit guten Wohnungen: Allein die Angabe des Arbeitgebers genügte, um die Vermieter positiv zu stimmen. Bei uns war es anders: Eine Frau, ein Mädchen und ein behinderter Junge – bei unserem Anblick bekam kein Vermieter glänzende Augen. Trotz des Zusammenhalts der Verwandtschaft: Wenn unsere Onkel und Tanten Vorteile aus einer Sache ziehen konnten, scherten sie sich nicht um den Rest der Großfamilie.

Meine Oma hatte es gut getroffen, sie bekam ein Zimmer für

sich allein in der Wohnung, die Familie Tkatschow bezog. Frau Tkatschow war eine von Papas Schwestern. Schließlich fanden wir auch eine Unterkunft auf der hinteren Seite eines Hofes: Dort stand ein kleiner dunkler Bau mit zwei Fenstern, ein ehemaliger Ziegenstall. Mama mietete ihn. Sie organisierte „weiße Erde" und strich das Häuschen weiß, dann zogen wir ein. Von einer Wohlfahrtsorganisation bekamen wir zwei Betten, drei Stühle und einen Tisch, ein paar alte Matratzen, Decken und Kissen. In eine Ecke kam der kleine gusseiserne Ofen aus der Baracke. Eigentlich hatten wir es gar nicht so schlecht getroffen. Leider vergleicht man sich immer mit denjenigen, die es noch besser erwischt haben.

Als Nächstes musste geklärt werden, ob ich eine Schule besuchen konnte. Valentin Tkatschow und ich meldeten uns für einen pädagogischen Fortbildungskurs in Bamberg an. Weil jede Menge Lehrer fehlten, akzeptierten sie auch Kandidaten, die – wie wir – die Oberschule noch nicht abgeschlossen hatten. Die Voraussetzung waren erstklassige Zeugnisse oder eine zusätzliche Prüfung. Für uns kam nur die Prüfung in Frage, weil wir weder gute noch schlechte Zeugnisse vorlegen konnten. Sie waren bei der Flucht abhanden gekommen.

Am Tag der Prüfung war mein einziges Paar Schuhe beim Schuster. Valentin hatte keine Schuhe beim Schuster, sondern an den Füßen. Er konnte gehen und die Prüfung ablegen. Um den Rektor positiv zu stimmen, nahm er noch ein Glas Schmalz mit. Selbstverständlich bekam er den Seminarplatz. „Wahrscheinlich reichte das Glas", sagte meine Mutter sarkastisch und meinte damit, das sei ja wohl Bestechung genug, um einen Platz ohne die vorgeschriebene Prüfung zu bekommen.

Ich ging am nächsten Tag hin, mit geflickten, aber wie neu aussehenden Schuhen, jedoch ohne Schmalz. „Sehr geehrtes Fräulein Martens", sagte der Rektor, „die Plätze sind leider alle vergeben." Mit der Zunge leckte er seine Lippen ab, so als ob noch Schmalz daran kleben würde.

In Bamberg am Fußballstadion. Es lag von unserer Wohnung nur einen Steinwurf weit entfernt

Meine nächste Station war das Arbeitsamt, wo ich mich über meine Möglichkeiten erkundigte. Sie schickten mich zu einer Kaufmännischen Berufsschule, die jedoch nur die zweite und dritte Klasse führte, die erste Klasse gab es in diesem Jahr nicht. Also meldete ich mich für die zweite Klasse an und bekam auch gleich eine Lehrstelle, und zwar im Süßwarengeschäft „Minges" am Maxplatz. Diesmal hatte ich Glück mit meiner Herkunft: Der Besitzer hatte beim Arbeitsamt eine Auslandsdeutsche angefordert. Man muss sich das vorstellen: Der Krieg war erst seit ein paar Monaten vorbei, das Land lag am Boden zerstört da, und wir, die Flüchtlinge, hatten keine größeren Probleme, eine Arbeitsstelle, einen Ausbildungsplatz, eine Berufsschule und eine Wohnung zu finden!

Die Arbeit bei Minges machte mir außerordentlich viel

Spaß. Der Chef persönlich, seine beiden Schwestern und ein Verkäufer arbeiteten dort – und jetzt noch ich als Lehrling. Ich genoss bei allen viel Vertrauen. So musste immer ich das Geld zur Bank tragen. Der Laden und die Schule lagen in der Stadtmitte, während wir weiter draußen in einer Siedlung wohnten. Im Sommer ging ich zu Fuß, im Winter nahm ich lieber den Bus.

Eine Zeit lang lieh mir Herr Minges auch ein Fahrrad. Aber an den Wintermorgen war es zu kalt für jemanden, der so spärlich mit Kleidung ausgestattet war wie ich. Und wenn es schneite, konnte ich aus nachvollziehbaren Gründen überhaupt nicht fahren. An Tagen, an denen ein laueres Lüftchen wehte, schwang ich mich auf den Sattel und genoss den Fahrtwind im offenen Haar – bis ich eines Tages einen Platten hatte und zu spät bei Minges erschien. Ein wohlerzogenes Mädchen wie mich musste Herr Minges noch nicht mal vorwurfsvoll anschauen. Zuspätkommen empfand ich als äußerst peinlich, weshalb ich ab sofort das Rad zu Hause stehen ließ und mich lieber auf meine Füße verließ.

Fritz Minges hatte die Firma 1932 gegründet. Er röstete den Kaffee selbst. Später, als der Espresso-Markt in Deutschland boomte, bewies sein Nachfolger Rolf Minges, dass er den richtigen Riecher hatte. Er entschloss sich zum Bau einer neuen Produktionsstätte in der Nähe von Bamberg. Heute gehört Minges-Kaffee wohl zu den größten Kaffeespezialitäten-Röstereien in Deutschland.

Während ich mich vom Minges-Personal voll akzeptiert fühlte, machte mir der Unterricht an der Kaufmännischen Schule zunächst keinen Spaß. Da ich eine Klasse übersprungen hatte, gab es bei mir riesige Wissenslücken. Die Lehrerin hatte, so schien es mir, ihren Spaß daran, mich vor der Klasse bloßzustellen. Vielleicht wollte sie mir auch auf eine unbeholfene Weise auf die Sprünge helfen. So sagte sie einmal: „Da schaut die Agnes einen an, als wenn sie einem alles von den Lippen

Fünfzig Jahre später war „Minges" noch gut zu erkennen

abliest, und dabei weiß sie nichts." Ich schwor mir, ihr zu beweisen, dass ich es konnte.

Allmählich begriff ich die Materie und ließ mir auch von den Mitschülern helfen. Einige waren dabei, die mir gerne halfen. Nur in Stenografie schaffte ich es nicht. Die Kurzschrift blieb für mich eine Geheimschrift. Bis eines Tages Tante Lena auftauchte, Papas eine Schwester. Sie kam aus der sowjetischen Zone zu uns, und wie der Himmel es wollte, war sie in Kurzschrift perfekt. Ihr Nachhilfeunterricht wirkte Wunder. Als ich mir erst das Grundwissen angeeignet hatte, war der Rest nicht mehr schwer. Plötzlich machte ich riesige Fortschritte, meine Klassenkameraden bekamen große Augen, und die Lehrerin fand aus dem Staunen gar nicht mehr heraus.

Zwei Jahre wohnten wir in Bamberg. Frühling und Sommer waren sehr schön, der Herbst stand ihnen in nichts nach, aber im Winter froren wir oft. Eine genau abgezählte Menge an Klafter Holz stand uns zur Verfügung, die wir uns aber selbst aus dem Wald holen mussten. Wir durften bestimmte Bäume, die markiert waren, schlagen. Dazu borgten wir uns Säge, Beil und einen kleinen Leiterhandwagen, sägten im Wald so lange, bis das Wägelchen voll war, und brachten es dann nach Hause. Zum Glück war der Wald ganz in der Nähe. So lange wie möglich sammelten wir auch Reisig, das unter den Bäumen lag. Außerdem bekamen wir Briketts zugeteilt. Aber das alles wollte nicht reichen, unsere Wohnung war oft kalt.

Heizen mit Kartons

Das Geschäft „Minges" erhielt viele Waren aus Amerika, die in Kartons aus schichtweise mit Pech verklebter Pappe angeliefert wurden. Die Kartons wurden zusammengedrückt und aufeinandergestapelt. Jeden Abend durfte ich mit nach Hause nehmen, so viel ich tragen konnte. Auch wenn der Weg weit war und die Pappe auf meinen Armen drückte – es lohnte sich, denn zu Hause warteten Mama und Peter auf mich und meine Wärmespender. Das Feuer im Ofen flackerte nicht lange, doch die Wärme, die es erzeugte, reichte, um uns aus der Winterstarre zu lösen. Mama kochte schnell etwas, und zum Schluss gab es heißen Kaffee aus Kaffee-Ersatz. Ob wir auch mal Minges-Kaffee genossen haben – ich weiß es nicht mehr. Gleich danach krochen wir in die Federn, die Betten waren schon einladend aufgeschlagen. So ging der erste Winter – 1945/1946 – ins Land, und auch die Kälteperiode des nächsten Jahres überstanden wir auf diese Weise.

Unsere Bemühungen um eine neue Wohnung fruchteten allerdings nichts. Und dann sah es auch so aus, als bräuchten wir keine neue Wohnung mehr. Eines Tages erreichte uns die Nachricht, dass wir auswandern könnten. Auf unserer Wunschliste stand Kanada ganz oben. Der Kreis unserer Verwandten in Bamberg nahm Kontakt in dieses schöne Land auf, in dem Onkel Hans lebte, Papas Bruder (nicht zu verwechseln mit meinem Halbbruder Hans). Schon in den 1920er-Jahren war er ausgewandert. Aber Kanada, so hieß es, nahm nur gesunde Menschen auf. Für meinen behinderten Bruder Peter brauchten wir eine doppelte Bürgschaft. Die Aussichten dafür waren äußerst gering.

Ich ging also weiter in Bamberg zur Berufsschule und arbeitete im Lebensmittelgeschäft. Inzwischen war ich sechzehn Jahre alt. Ich hatte meine langen Zöpfe abgeschnitten, eine Dauerwelle machen lassen und kam mir schon sehr erwachsen vor. Den Sonntag verbrachte ich mit meinen beiden Cousinen. Mizi und ich waren im gleichen Alter, Rita war etwas jünger. Mizi machte eine Musikausbildung, sie war sehr begabt. Rita ging noch zur Schule.

Und dann war da noch Alina Litowschenko, Tochter eines Russen und einer Deutschen. Sie hatte eine Tante mit Nachnamen Töws, die wunderbar tanzen konnte und in Russland eine Tanzschule geleitet hatte. Sie brachte uns zuerst die einfachen Schritte bei und nachher auch die schwierigen, die alten Tänze wie Walzer und Foxtrott und die modernen wie Swing, Charleston oder Tango. Sie lehrte uns, wie man den Kopf halten musste, wie man die Schritte setzte und den Körper kontrolliert bewegte. Oft gingen wir auch ins Kino. Gezeigt wurden amerikanische Filme mit Untertiteln. Es waren gute Streifen, wunderschöne Schauspieler und für fantasievolle Flüchtlingsmädchen wie uns die beste Möglichkeit, dieser trostlosen Welt zu entfliehen.

Aber nur für kurze Zeit. Der Alltag holte uns immer wieder ein. Meine Oma wurde sehr krank, sie bekam Magenkrebs und litt große Schmerzen. Die deutschen Ärzte hatten kein Morphium, und die amerikanischen gaben keines für die Bevölkerung heraus. Tante Lena sprach gut Englisch und setzte alles daran, um ihrer Mutter zu helfen, aber da war einfach nichts zu machen. Tag für Tag musste die arme Frau schrecklich leiden, bis sie endlich sterben konnte. Auf dem Friedhof in Bamberg haben wir sie begraben.

Das Thema Auswanderung kam wieder auf den Tisch. Die Verwandten bemühten sich um Papiere für Kanada. Auch das „Mennonite Central Comitee (MCC)", die Hauptorganisation der Mennoniten in den USA, bemühte sich um eine Lösung. In ganz Deutschland waren verstreut über 30.000 mennonitische Flüchtlinge aus Russland gestrandet. Von ihnen waren schätzungsweise 20.000 von den Russen und mit Hilfe der anderen Besatzungsmächte zwangsweise zurückgeschickt worden. Ein MCC-Team aus den USA, angeführt von Peter Dyck und seiner Frau, setzte sich nun mit allen Kräften dafür ein, ihren Glaubensgenossen zu helfen, vor allem denen, die in Berlin eingeschlossen waren.

Eine wichtige Rolle spielte dabei ein Mann namens Peter Derksen, ein junger Elektriker aus Chortiza, unserm Nachbarort in der Ukraine. Nachdem er mit seiner Familie nach Schlesien geflüchtet war, wurde er, wie viele andere mennonitische Männer auch, zur Wehrmacht eingezogen. 1945 geriet er in russische Gefangenschaft, aus der er aber wie durch ein Wunder schon nach kurzer Zeit entlassen wurde. Seine Frau und Kinder fand er im Bayerischen Wald wieder.

Derksen hörte sich um und fand heraus, dass das MCC Auswanderungslisten zusammenstellte. Er setzte sich mit den damit befassten Personen in Verbindung und hatte umgehend einen Auftrag in der Tasche, wie er in seinem Bericht über die Jahre der Flucht und die Ansiedlung in Südamerika berichtete: „Meine Hauptbeschäftigung war seitdem, die mennonitischen Flüchtlinge in der amerikanischen Zone zu suchen. Aus Angst, von den Russen aufgespürt und zurück nach Russland verschleppt zu werden, lebten viele an einem geheim gehaltenen Ort und vermieden Kontakte mit Mennoniten. Bei der polizeilichen Anmeldung hatten sie Ostpreußen oder Westpreußen als Heimat angegeben.

Ich war viel auf Reisen. Auf diesen Fahrten durchstreifte ich immer den ganzen Zug von vorne bis hinten und schaute mir die Leute an. Es bedurfte keiner großen Übung, um ‚unsere' Menschen zu erkennen. Manche wollten sich nicht zu erkennen geben, wenn ich sie ansprach. Doch ihre Sprache verriet sie sofort. Wenn ich anfing, mit ihnen Plattdeutsch zu reden, gaben sie ihre Zurückhaltung auf. Wenn ich bei solchen Gelegenheiten erfahren konnte, dass die Leute noch von anderen Mennoniten in der Zerstreuung wussten, dann bat ich darum, mit ihnen nach Hause kommen und übernachten zu dürfen.

Am anderen Tag streifte ich durch die Umgebung auf der Suche nach Schicksalsgenossen. Nicht selten kam es vor, dass Angehörige oder auch nahe Verwandte ein Jahr nach Kriegsende nicht weit voneinander wohnten und einer vom anderen nicht wusste. Für mich war es eine große Freude, diese Menschen wieder zu vereinen. Mitte 1946 schloss ich diese Arbeit ab: Die Leute waren alle in Listen erfasst und in sieben Gruppen zu je 100 Personen aufgeteilt. Jede Gruppe hatte sich einen Vertrauensmann gewählt. Meine Reiseausgaben wurden aus Kollekten der Flüchtlinge getragen."

Peter Derksen wurde später Oberschulze (Bürgermeister) der Kolonie Neuland in Paraguay. Paraguay – hörte ich diesen Namen damals zum ersten Mal? Möglicherweise nicht, denn in den 1920er-Jahren waren Mennoniten aus Kanada und auch aus der Sowjetunion in dieses Land eingewandert und hatten dort die Siedlungen Menno und Fernheim gegründet. Das war im Chaco, der heißesten Gegend in Südamerika. Damals bestand er teilweise noch aus „weißen Flecken" auf der Landkarte. Und dahin sollten wir jetzt auswandern?

Das MCC musste eine Siedlungsmöglichkeit für alle jene Menschen finden, die aus den bekannten Gründen nicht nach Kanada auswandern konnten. Der Chaco erschien ihnen nicht als eine optimale Lösung, aber doch als ein gutes Angebot: Das

Land Paraguay gewährte Befreiung vom Wehrdienst und das Recht auf Selbstverwaltung, weil es das fast menschenleere Gebiet besiedeln wollte. Mama war bereit, diesen Weg zu gehen. Sie meldete sich in einem Schreiben an, das ich zur Post tragen sollte. Aber ich wollte nicht nach Paraguay, ich sah für uns im heißen Busch keine Zukunft. Mama war nicht mehr in den besten Jahren, Peter war behindert und ich hatte absolut kein Interesse daran, Pionierarbeit zu leisten. Landwirtschaft interessierte mich überhaupt nicht. Ohne die Unterstützung eines starken Mannes war dieses Unternehmen auch nicht zu stemmen, davon war ich überzeugt. Mit dem Briefeabgeben ließ ich mir Zeit, so viel Zeit, dass das Schreiben zu spät ankam.

Mennoniten in Deutschland

Für das MCC war es nicht so einfach, jetzt einen Ozeandampfer zu buchen, der mehrere Tausend Flüchtlinge nach Übersee transportieren konnte. Viele Schiffe waren während des Krieges torpediert worden und lagen auf Grund. Aber da kam Holland zu Hilfe, wo das MCC viele karitative Dienste geleistet hatte, und ermöglichte einen Vertragsabschluss mit der Holland-Amerika-Linie. „Volendam" hieß das Schiff, das Mennoniten nach Südamerika bringen sollte. Aber wie sollten die Passagiere auf das Schiff kommen?

Einer Gruppe von 33 mennonitischen Flüchtlingen war es gelungen, unter anderem über Polen und Österreich nach Holland zu flüchten. Ihre schreckliche Odyssee hatte mit 614 Personen begonnen und fast zwei Jahre gedauert. Viele wurden wieder zurückgeschickt oder starben unterwegs. Den holländischen Behörden erklärten sie, sie seien „nach Hause" gekommen. Tatsächlich stammten ihre Vorfahren aus einem Gebiet, das sich heute Holland, Belgien und Norddeutschland teilen.

Eigentlich betrachteten die Mennoniten sich als Deutsche. Die holländische Regierung ließ diese armen Menschen aber nicht im Stich. Nicht einen einzigen lieferte sie an die Sowjets aus.

Eine weitere Gruppe von Mennoniten hatte sich in München in der sogenannten Funkkaserne gesammelt. Auch sie wollte deutschen Boden schnell verlassen und ein sicheres Land aufsuchen. Die US-Army hatte die Funkkaserne 1945 übernommen und dort durch die UN-Flüchtlingsverwaltung ein Flüchtlingslager errichten lassen. Ein Transport nach Holland wurde organisiert. Der Zug kam auch bis an die holländische Grenze und wurde – wegen einer Intervention der Siegermacht Sowjetunion – gestoppt! Man fragt sich, was die Rote Armee an der Grenze zu Holland zu suchen hatte. Es gab in der sowjetischen Zone genügend Probleme, die zu regeln waren. Der Zug setzte sich wieder in Bewegung, aber in die Gegenrichtung. Zurück nach Russland? Nein, Gott sei Dank nach München. Die Enttäuschung war aber riesengroß. Als die Flüchtlinge wieder in München ankamen, hatten sie Glück, dass die UN-Flüchtlingsorganisation die Räume noch nicht wieder an nachrückende Flüchtlinge vergeben hatte.

Und dann gab es die Berliner Gruppe. Sie saß 1947 in einer von der sowjetischen Armee umgebenen Stadt. In der Ringstraße in Lichterfelde hatten Mennoniten in zehn Gebäuden vorübergehend Unterkunft gefunden. Rote-Kreuz-Wagen, die holländische Flüchtlinge aus Berlin abholten, brachten auf dem Hinweg MCC-Lebensmittel mit, sodass diese Leute nicht Hunger leiden mussten. Aber die Transporte durch die sowjetische Zone würden nicht mehr lange fahren, das war abzusehen. Außerdem übten die Amerikaner zunehmend Druck aus, da sie ihrerseits den Druck der Sowjets spürten. Die Flüchtlinge und das MCC bewegte die eine Frage: Wie kam man aus dieser friedlichen Insel im Roten Meer heraus? Am besten wohl mit einem Zug.

Diese drei Gruppen aus Holland, München und Berlin würden die Passagiere der „Volendam" sein. Die „Holländer" stiegen in Holland auf die „Volendam", die „Münchner" sollten mit dem Zug nach Bremerhaven anreisen. Jetzt fehlten nur noch die „Berliner". Der Zugtransport war organisiert, alles schien klar, aber plötzlich legte General Lucius Clay, oberster Befehlshaber der Amerikaner in Berlin, ein Veto ein: Nein, der Transport werde nicht erlaubt. Clay befürchtete ein Einschreiten der Sowjets. Als Peter Dyck vom MCC persönlich beim Befehlshaber vorsprach, ließ dieser sich eine Instruktion aus Washington kommen. Der Zug aus Berlin, beladen mit mennonitischen Flüchtlingen, könne fahren – wenn auch die Russen keine Einwände hätten.

Was unmöglich erschien, wurde wahr: Die Russen müssen ihr Ja gegeben haben, denn bald darauf kamen die offizielle Bestätigung und die Erlaubnis für die Fahrt. Die Flüchtlinge, die schon eingeschifft auf der „Volendam" warteten, sahen dies als eine Gebetserhörung an. Es war am 1. Februar 1947.

Nachdem wir die erste Schiffspassage verpasst hatten – wir hätten uns in München melden sollen –, wartete Mama auf den nächsten Aufruf zur Auswanderung nach Paraguay. Als die Nachricht kam, meldete sie uns an und entschied sich auch sofort für das Sammellager im westfälischen Gronau. Ein anderes Lager wurde in Backnang bei Stuttgart errichtet. Es war im Sommer 1947, als der Bescheid kam und wir unsere Sachen packten. Damit ließen wir alle unsere Verwandten und Freunde zurück und reisten nach Gronau.

Dort kamen wir in das Lager Schützenhof, das aus einer großen Sporthalle mit Toilettenanlagen, Duschen und Waschräumen bestand. In der großen Halle wurden quadratische Wohneinheiten abgeteilt. Darüber kam eine provisorische Decke, von der eine Lampe leuchtete. Unser Eckchen war an der Hallenwand, die an dieser Stelle ein Fenster hatte. Wir bekamen zweistöckige Betten sowie einen kleinen Tisch und einen Stuhl. Zwei mussten beim Essen auf dem Bett sitzen.

Mit Peter und Mama in Gronau

Die Lärmbelästigung in dem Riesensaal war enorm, dafür waren wir dann wenigstens durch die Decken von Blicken abgeschirmt. Ein Fuhrwerk lieferte jeden Tag das Mittagessen in großen Kübeln an. Es stammte vom „Clubhaus", einer Kantine, die zu einem weiteren Lager in der Stadt gehörte. Für Frühstück und Abendbrot gab es wöchentlich eine Zuteilung von Brot, Butter, Marmelade und verschiedenen anderen Sachen.

Oft spielte ich mit den Kindern auf dem Hof, weil ich Kinder gern mochte. Schließlich fragte mich jemand von der Lagerleitung, ob ich den Kindergarten übernehmen wolle. Mit Ruth Groß zusammen, die später meine Freundin wurde, ging ich an die Arbeit. Für diese interessante Tätigkeit erhielt ich eine Bezahlung in Form von Zigaretten, die zu rauchen einer Devisenvernichtung gleichgekommen wäre, denn Glimmstängel galten als harte Währung. Mama tauschte dafür in der

Ruth Groß und ich übernahmen die Kindergruppe im Lager in Gronau

Stadt verschiedene Haushaltssachen und Werkzeuge ein, zum Beispiel Pfannen, Kochtöpfe, Spaten, Hämmer. In Gronau benutzten wir diese Sachen nicht, sie waren schon für Paraguay gedacht.

Sonntags war Gottesdienst in einer Halle. Chöre wurden gegründet. Einer übte im Clubhaus, der andere bei uns im Schützenhof. Einmal in der Woche war Singstunde. Die Jugendlichen trafen sich, um am Sonntagabend zu singen und zu spielen. „So aus frejo in Russland", sagten die alten Leute, „so wie früher in Russland."

Ein Spiel hieß „Schlüsselbund". Man bildete mit Bänken und Stühlen einen Kreis, in dem ein Sitzplatz fehlte, und fing mit einem Lied aus dem großen Repertoire der Heimat-, Natur- und Liebeslieder an. Der Junge, der keinen Platz hatte, bekam den Schlüsselbund ausgehändigt. Er suchte sich das Mädchen seiner Wahl, um mit ihm zusammen im Kreis zu gehen. Weitere Jungen wählten sich ihre Lieblingsdamen. Die Runde der Paare wurde immer größer. Bis schließlich das Paar an der Spitze den Schlüsselbund fallen ließ. Schnell suchten sich alle einen Platz. Einer oder eine ging naturgemäß leer aus und war der oder die Nächste, um den Schlüsselbund zu tragen. Traf es ein Mädchen, war natürlich Damenwahl.

Wer den Kulturkreis der Mennoniten nicht kennt, mag sich fragen, worin der Reiz dieses Traditionsspiels lag. Tanzen war verboten, Zärtlichkeiten in der Öffentlichkeit auszutauschen, war damals ein Ding der Unmöglichkeit. Also bedeuteten das Unterhaken und die Berührung am Arm, zumal dieses Spielchen im Halbdunkel stattfand, ein besonderes Hoch der Gefühle.

Zu vorgerückter Stunde brach man zu zweit oder in Gruppen auf, um nach Hause zu gehen, sei es zum Clubhaus oder zum Schützenhof. So vergingen die Monate.

Dann sollte es ein Tauffest geben. Viele Jugendliche, aber auch verheiratete Menschen meldeten sich an. Die Taufe auf den Glauben, vollzogen an erwachsenen Menschen, ist das wichtigste Prinzip unserer Kirche. Seit aber der atheistische Bolschewismus die Macht in Russland und in unserer Heimat Ukraine übernommen hatte, war es nicht mehr so einfach gewesen, dieses wichtige Zeichen unseres Glaubens zu vollziehen. Einige Menschen hatten sich auch vom christlichen Weg abbringen lassen, einige waren gar nicht in die mennonitischen Traditionen hineingewachsen und hatten sich deshalb nicht taufen lassen.

Aber diese unheilige Ära hatten wir hinter uns gelassen. In Westdeutschland herrschte Religionsfreiheit, dafür sorgten die westlichen Siegermächte. Viele Flüchtlinge, die unter schwersten Bedingungen ihre Heimat verlassen hatten und mehr als einmal aus aussichtslosen Situationen gerettet worden waren, hatten erkannt, dass es Jesus war, der sie geführt hatte.

Mama fragte mich, ob ich mich nicht auch taufen lassen wollte. Ich sagte Nein, ich sei noch nicht so weit. Schon mit zwölf Jahren hatte ich gesagt, wenn ich diesen Schritt machte, dann wollte ich die Untertauchungstaufe vollziehen. Dazu wird der ganze Körper des Täuflings unter Wasser getaucht. Hier in Gronau wurde die zweite Variante, die Besprengungstaufe, praktiziert, bei der eine Handvoll Wasser über den Kopf des Täuflings gegossen wurde. Meinem Glaubensverständnis entsprach die Taufe durch Untertauchen, die, so glaube ich bis heute, nur dann vollzogen werden sollte, wenn der Täufling sich ganz seinem Meister Jesus verschreibt. Taufe aus Tradition kam für mich nicht in Frage.

6 Matetee und ein Heiratsantrag

Endlich war es soweit. Unser Gepäck, die wenigen Hab-
seligkeiten, war schon verfrachtet. Wir standen auf dem
Bahnhof und warteten auf das Zeichen zum Einsteigen. „Alles
einsteigen!", rief der Schaffner, die Lok ließ ihren obligato-
rischen Pfiff ertönen, und alles kletterte in die Abteile. Keine
Viehwaggons wie beim letzten Mal! Wir konnten alle sitzen.
Der Zug brachte uns bis nach Bremerhaven, wo die stolze
„General Stuart Heintzelman" auf uns wartete, ein ehemaliger Truppentransporter der US-Navy, über 500 Meter lang,
der bis zu 4.000 Soldaten pro Fahrt über den Ozean gebracht
hatte. Zwischen 1945 und 1950 diente der Ozeanriese Tausenden von Flüchtlingen als Arche Noah, um dann nach weiteren
Dienstjahren in der Navy 1984 endgültig außer Dienst gestellt
zu werden.

Reiseleiterin war Elfrieda Dyck, die resolute Frau des schon
erwähnten Peter Dyck. Mit ihrem selbstbewussten Auftreten,
ihrer Freundlichkeit und ihrem Gottvertrauen umsegelte sie
jede Schwierigkeit. In dem Buch „Auferstanden aus Ruinen",
das sie mit ihrem Mann verfasst hat, beschreibt sie die Fahrt als
„einen perfekten Transport" (Kirchheimbolanden 1994). Und
im Vergleich mit den anderen Schiffspassagen im Dienste des
MCC muss er das auch gewesen sein.

Es war der 25. Februar 1948, vier Uhr, als wir ganz langsam
von Europa ablegten. 860 Passagiere hatte die „General Stuart
Heintzelman" an Bord.

Für uns war es ein komisches Gefühl, diese Reise ohne Wie-
derkehr. Und drei Wochen nur Wasser, vor, hinter und unter
uns! Die Schlafkojen wurden uns zugeteilt, Frauen und Männer
schliefen getrennt. Es waren alles größere Räume, mit Stock-
betten, die eng nebeneinander standen. Das Schiff war ja für

93

den Transport von Soldaten gebaut. Peter musste – zum ersten Mal von uns getrennt – bei den Männern schlafen. Abends versammelten wir uns im Esssaal. Wir mussten alle an den Tischen stehen, denn es gab keine Stühle oder Bänke. Aber es gab gutes Essen. Besonders beeindruckt war ich vom Weißbrot. Brot in so einem blendenden Weiß hatte ich noch nie gesehen. Nach dem köstlichen Abendbrot wurden Mitteilungen verlesen, zum Ablauf des nächsten Tages, zur Verteilung der Arbeit und der aktuellen Position des Schiffes. Danach gab es noch eine Abendandacht und um 22 Uhr lagen alle bis auf die Nachtwache in ihren Kojen.

Die Passagiere mussten tüchtig mithelfen, putzen, waschen und in der Küche mitarbeiten. Ich bekam wieder den Kindergarten übertragen. Auf dem Schiff wurden Kleider, Mäntel und Decken verteilt, Spenden vom MCC. Darüber freuten wir uns sehr. Ich bekam immer rote Kleider und Blusen zugeworfen. Wahrscheinlich, weil ich schwarze Haare hatte. Die Frauen, die für die Verteilung zuständig waren, meinten, diese Farbe würde mir stehen. Womit sie wohl auch recht hatten, aber ich hätte gerne zur Abwechslung mal eine andere Farbe genommen. Doch weil ich nicht undankbar erscheinen wollte, sagte ich nichts.

Waren alle Arbeiten erledigt, hielten wir uns auf dem Deck auf, was immer angenehmer wurde, je mehr wir uns dem Äquator näherten. Was war auf dem Deck so interessant? Vor allem: Leute gucken. Obwohl es immer dieselben 800 Menschen waren, machte es uns großen Spaß, ihnen immer wieder zu begegnen und sie näher kennenzulernen.

Der Aufenthalt an der frischen Luft tat wirklich gut, das Wetter war meistens schön. Deshalb waren wir auch etwas verwirrt, als wir eines Tages antreten mussten, um Schwimmwesten anzulegen. Von einer Gefahr war weit und breit nichts zu sehen. Die Mitteilung, es sei eine Seenotübung, beruhigte uns dann aber.

Tag für Tag schien die Sonne, über uns spannte sich der blaue Himmel. Hier auf dem Schiff erlebte ich, wie unterschiedlich Himmelblau sein kann, mal schwermütig dunkel, dann hell und knallig, mal mit einem schmutzigen Orange vermischt, dann wieder mit einem kristallenen Grün. Manchmal sprenkelte ein jungfräuliches Weiß die Himmelskuppel, das sich dann als Möwe oder als Wolke herausstellte.

Noch viel häufiger wechselte das Wasser die Farbe. Wenn es türkisgrün leuchtete, war es, als ob der Ozean sich uns öffnete und uns einlud, seine Geheimnisse kennenzulernen. Wir entdeckten unterschiedliche Fische und andere uns unbekannte Meerestiere. Wenn die Sonnenstrahlen in einem anderen Winkel einfielen, verlor das Wasser plötzlich seine Durchsichtigkeit, färbte sich schwarz, war nur noch Wellen werfende Oberfläche, aus der Dutzende Fliegende Fische hervorschnellten. In den Wassertropfen, die sie bei ihrem Flug glitzernd verspritzten, erschien ein schillernder Regenbogen. Fliegende Fische! Wir hatten davon gehört, jetzt sahen wir sie mit unseren eigenen Augen. Ab und zu schoss in der Ferne auch die Fontäne eines Wals hoch, aber die Meeressäuger ließen sich nie aus der Nähe blicken. Nachdem wir jahrelang nur Tod und Zerstörung gesehen hatten, taten das Wasser, das Meer, die unermessliche Weite unseren Augen und unserer Seele unendlich gut. Für mich war es ein Stück Himmel, mein größtes Erlebnis. Nichts hat mich je so gepackt wie die Unendlichkeit des Meeres.

Das Auge gewöhnte sich bald an die Umgebung. Eines Tages stand ich an Deck und merkte, dass etwas anders war als sonst. Wie bei einem Suchbild musste ich die Augen hin- und herwandern lassen, bis ich wusste, was neu war. Vögel schwebten über dem Horizont, sie näherten sich bald unserem Schiff und setzten sich auf die Masten, um ein Stück mitzufahren. Man flüsterte, jetzt würde bald Land zu sehen sein. Aber Land kam nicht in Sicht, so sehr wir auch den Horizont absuchten. Erst als wir am nächsten Tag aufstanden, zeigten die Leute ganz aufgeregt nach Steuerbord. Tatsächlich, dort zeigte sich deutlich eine winzige Linie, die stündlich breiter wurde. Der Streifen bekam erkennbare Strukturen, die sich als Hochhäuser und Palmen herausstellten. Zwei weiße Boote näherten sich, die an der „Heintzelman" anlegten. Auf das Schiff kamen argentinische Regierungsbeamte, die mit Elfrieda Dyck und dem Kapitän die Formalitäten regelten. Buenos Aires!

Als wir mit unserm bisschen Hab und Gut das Schiff verlassen hatten, nicht ohne vorher von der „Heintzelman" und der netten Besatzung Abschied zu nehmen, kamen wir in den Genuss einer Besichtigungstour, denn um unsere Reise fortzusetzen, mussten wir zu einem anderen Hafen gebracht werden. Wir wurden in Autos verladen und durch die wunderschöne Millionenstadt mit ihren weitläufigen, von Palmen gesäumten Avenidas kutschiert. Eine Stadt, die intakt war, in der keine Bomben auf das Häusermeer gefallen waren, in der sich das pralle Leben entfaltete, war uns seit vielen Jahren nicht zu Gesicht gekommen. Und eine Stadt wie Buenos Aires noch nie in unserem Leben!

Auf einer Lancha den Fluss hinauf

Dann verließen wir den schönen Teil und kamen an einen heruntergekommenen Hafen, an dessen Kai verdreckte Kutter lagen. In eine dieser Barkassen mussten wir einsteigen. Die Luft, die uns vom Unterdeck entgegenschlug, roch unbeschreiblich. Dort unten hatten sich arme Paraguayer niedergelassen, unsere zukünftigen Landsleute. Sie hausten dort zusammen mit Ziegen, Hühnern und Hunden.

Auf dem Oberdeck waren nur ein paar Kajüten, die für einige Frauen, Kinder und alte Leute vorgesehen waren. Der Rest der Passagiere musste es sich auf den Schiffsplanken gemütlich machen. Auch hier zeigte sich wieder, dass bei Mennoniten der Hausherr das Sagen hatte und keine Rücksicht auf Kranke und Schwache nahm. Wie oft habe ich an einem mennonitischen Tisch gesessen, an dem der Herr des Hauses von seinem „Recht" Gebrauch machte und ungeniert die größten und besten Stücke verspeiste. Hier oben auf dem schönsten Deck hatte es sich nun also ein Herr Dyck mit seiner Familie bequem gemacht, ein korpulenter, feister Herr, bei dem der Krieg keine Spuren hinterlassen hatte. Wenn während der Mittagszeit die Temperaturen auf schreckliche 45 Grad kletterten, zog sich Herr Dyck in seine luftige Kajüte zurück, während wir auf dem Sonnendeck wie Trockenobst gedörrt wurden. Am ersten dieser schrecklichen Mittage wagte ich, Herrn Dyck zu fragen, ob meine Mutter sich nicht während der „Siesta" – dieses Wort für die mittägliche Ruhezeit lernte ich schnell – für ein Stündchen in der Kabine ausruhen dürfe. „Nein", sagte Herr Dyck und zog sich in seine gekühlte Kajüte zurück. So saßen wir also den ganzen Tag auf den harten Bänken und machten uns nachts, wenn es kühler wurde, ein Lager auf den harten Planken.

Unsere „Lancha" schipperte den Paraná hoch, zumeist durch sumpfiges Gebiet, vorbei an Städten wie Rosario, Santa Fé und Corrientes. Am ersten Tag unserer Reise hatte ich noch kein Auge für die Schönheit der Landschaft, ich musste mich erst mit den Gegebenheiten auf unserer „Jacht" abfinden.

Nördlich von Corrientes ging es in den Paraguayfluss, der an dieser Stelle in den Río Paraná mündet. Das rechte Ufer gehörte schon zu Paraguay. Wir passierten Asunción, die paraguayische Hauptstadt, und fuhren dann hoch bis Puerto Casado.

Eines Nachts wachte ich plötzlich auf. Vor mir auf dem Deck stand ein Mann und starrte mich unverwandt an. Als er sah, dass ich die Augen aufgeschlagen hatte, sagte er etwas, wahrscheinlich auf Spanisch. Ich verstand nichts, aber mir fiel auf, dass der Mann alle jene Attribute verkörperte, die einem südamerikanischen Mann in Filmen angedichtet werden. Er sah gut aus und war gut gekleidet. Dazu hatte er eine Kabine für sich, was ich allerdings erst am nächsten Tag erfuhr, als der Schönling mit einem Dolmetscher ankam.

Der Übersetzer sprach nicht so gut Deutsch, dafür aber umso besser Plattdeutsch, denn er war ein Siedlersohn aus der Kolonie Menno, der in Asunción studierte und auf Urlaub nach Hause fuhr. In der Nähe der Kolonie Menno wollten wir uns ansiedeln. Als ich den jungen, blonden, gebräunten und gut genährten Mennoniten sah, dachte ich: Wenn die Leute aus Menno schon Studenten nach Asunción schicken, dann kann es dort im Chaco nicht so schlimm sein.

Jetzt machte mir der gut aussehende Paraguayer doch tatsächlich einen Heiratsantrag. Bei Südamerikanern schien so etwas üblich zu sein: Heiratsanträge zu machen, ohne die Angebetete zu kennen. „Ihre Mutter und ihr Bruder können gerne mitkommen", zeigte sich Don Pedro, nennen wir ihn einfach so, großzügig. „Das Schiff wird in Kürze an einer Stelle anlegen, und da müssen wir dann aussteigen." Er sagte tatsächlich: „Wir müssen da aussteigen." Zumindest übersetzte der mennonitische Dolmetscher so. „Vom Hafen geht es direkt zu meiner Estancia", sagte er, „sie ist sehr groß, die Estancia, seehr groß. Sie, meine Liebe, können sich dann alle Wünsche erfüllen. Ich verspreche Ihnen ein wunderbares Leben."

Sprachlos starrte ich Don Pedro an. So etwas hatte ich ja noch nicht mal in Filmen erlebt, in denen südamerikanische Machos für ihren Charme bekannt sind.

Mama saß ganz still da. Don Pedro hob noch einmal an und führte mir die Vorzüge des Lebens einer Estancia-Herrin vor Augen. Seine lange, blumenreiche Rede endete mit dem Satz, er habe sich unsterblich in mich verliebt.

Jetzt war es mit der Fassung des dolmetschenden Studenten vorbei, er konnte sich ein Grinsen nicht verkneifen. Auch für ihn wird dieses Liebeswerben sehr fremd gewesen sein, denn in der Kolonie Menno sind die Freierrituale, wie ich später erfuhr, sehr viel prosaischer.

Das grinsende Gesicht des Studenten befreite mich aus meiner Erstarrung. Endlich war ich in der Lage, den Heiratsantrag höflich, aber nachdrücklich abzulehnen. „Sehen Sie, Herr, Sie sind sehr nett. Aber ich möchte doch lieber die Reise mit meinen Leuten fortsetzen."

Don Pedro war sehr enttäuscht, er hatte wohl erwartet, sein Reichtum würde mich beeindrucken. Aber ich war ein sechzehnjähriges Mädchen, das von seiner Mutter streng erzogen war und eigentlich große Angst vor diesem zwar attraktiven, aber nicht besonders Vertrauen erweckenden Mann hatte.

So blieb ich also bei meinen Leuten und setzte die Fahrt fort. Ich musste weiter das scheußliche und zudem noch warme Wasser trinken, das im „Essraum" der Lancha serviert wurde, statt mich von köstlichen Getränken des Herrn der Estancia verwöhnen zu lassen. Wir hatten ja noch nicht mal das Geld, um uns das billigste Getränk oder etwa eisgekühlten Sprudel zu leisten.

Die Passagiere an Bord, sofern sie nicht europäischer Herkunft waren, löschten ihren Durst mit Matetee, der jetzt im Sommer als „Tereré" getrunken wurde. Ein verziertes Kuhhorn, die Guampa, dessen Spitze abgesägt und zugepflockt war, füllten sie zu Dreiviertel mit dem grobkörnigen Tee, steckten ein Saugrohr mit kleinem Sieb, die Bombilla, hinein und gossen kaltes Wasser nach. Der erste Schluck schien bitter zu schmecken, denn sie spuckten ihn aus, aber der nächste mundete wohl, wie aus dem verzückten Gesicht des Trinkenden zu schließen war. Die „Guampa" wurde von einem „Mozo" nachgefüllt und ging reihum. Später gewöhnten auch wir uns an dieses Getränk, das hervorragend den Durst löscht und ein gesellschaftliches Ritual darstellt. Matetee und Tereré wurden sogar zum Gegenstand religiöser Auseinandersetzungen. Die Gegner fanden die Suchtgefahr, die von dem Tein enthaltenden

Gesöff ausging, unchristlich und gefährlich. Aber schließlich setzte sich der Matetee auch bei den Mennoniten durch, und es gab nur wenige Menschen, die nicht wenigstens einmal täglich zur Guampa griffen.

Als ich mich eines Abends mit einigen Mädchen in meinem Alter an einem Tisch unterhielt, tauchte der Kellner plötzlich vor uns auf und servierte uns unaufgefordert Cola und Limonade. Eisgekühlt! An den kalten Gläsern hatte sich das Wasser niedergeschlagen. Wir bekamen große Augen und ließen uns vom Kellner gleich eingießen, ohne uns Gedanken darüber zu machen, wem die Großzügigkeit zu verdanken war. Unglaublich, wie die kühle Flüssigkeit durch unsere trockenen Kehlen floss! Darin, wie man ein köstliches Essen nach einer langen Hungerphase genießt, waren wir, aus einem Hungerland stammende Flüchtlinge, Meister. Wie köstlich es war, lange Durststrecken zu überwinden und hinterher ein Getränk zu genießen, haben wir hier zum ersten Mal erfahren.

So vertieft waren wir in den wohldosierten Genuss, dass wir nicht bemerkten, wie sich am Fenster gegenüber eine Gruppe junger Paraguayer herumdrückte, jede unserer Bewegungen verfolgte und über den innigen Ausdruck unserer Gesichter sichtlich amüsiert war. Ganz vorne stand mein Freier.

Wann er das Schiff verließ, weiß ich nicht mehr. An einer dieser primitiven Anlegestellen übergab er wohl seinem Adjutanten das Gepäck. Die Barke näherte sich dem Ufer. Einige Männer schoben vom Land aus Bohlen an die „Lancha" und machten das Schiff fest, damit die Leute ein- oder aussteigen konnten. Die Menschen, die ich bei solchen kurzen Halten am Ufer stehen sah, taten mir leid. Sie wirkten sehr arm und starrten uns neidisch an. Für sie waren wir wahrscheinlich wohlhabende Europäer, denn in unseren neuen, gespendeten Kleidern sahen wir ganz manierlich aus, und unsere weiße Haut war ihnen bestimmt ein Zeichen für eine gepflegte Lebensführung. Dass wir noch nicht mal in der Lage waren, eine Cola zu bezahlen, wussten sie nicht. Etwa hundert Meter vom Ufer entfernt standen ihre armseligen Hütten aus unbehauenen Palmstämmen und einem Dach aus Palmwedeln oder Schilf.

Nach dem Ablegen fuhren wir wieder stundenlang durch herrliche Gegenden, in der Palmsavannen und Urwald sich abwechselten. Von Menschen keine Spur. Dann sahen wir einen kahlen Baum mitten in der Ebene stehen, der fast gespenstisch wirkte. Seine trockenen Äste, die sich medusenhaft in den Himmel reckten, waren von zahlreichen großen, schwarzen Vögeln besiedelt. Es waren Aasgeier, die paraguayische Gesundheitspolizei, die hier auf das Verenden eines Rindes warteten. Manchmal sah man die Geier in einer unglaublichen Höhe kreisen und nach Aas Ausschau halten. Ihr Geruchssinn hatte ihnen verraten, dass im Umkreis von einigen Quadratkilometern ein totes Rind, Pferd oder auch ein Wildtier lag. Ich erfuhr: Wenn sie sich auf den aufgedunsenen Körper stürzten, verputzten sie ihre Mahlzeit in kurzer Zeit. Nur das Gerippe blieb übrig. Hin und wieder zierte so ein Skelett das vorbeiziehende Ufer.

Auf der Jagd nach frischem Fleisch waren hingegen die zahlreichen Yacaré oder Kaimane. Diese Krokodile ließen sich blitzschnell ins Wasser fallen, wenn wir vorbeikamen, oder suchten auf der Flucht vor dem dröhnenden Schiffsmotor mit einer rasanten Wendung ihr Heil im nahen Schilf.

Scharen weißer Reiher und Flamingos zogen über uns weg. Immer wieder passierten wir Camalotes, schwimmende Inseln aus Wasserpflanzen.

Aber nichts war so schön wie die Sonnenauf- und -untergänge. An diesem prächtigen, farbenfrohen Naturschauspiel konnten wir uns auf dem Schiff nicht sattsehen. Auch in den vielen Jahren meines Chacolebens habe ich unzählige Male das prächtige Glühen am Himmel verfolgt.

7 Die erste Nacht im Chaco

Noch war es hell, als wir in Puerto Casado ankamen, einem kleinen Hafen am rechten Ufer des Río Paraguay. Der Hafen war nach dem argentinischen Großgrundbesitzer Carlos Casado benannt, der im Chaco etwa zwei Millionen Hektar Land besaß. Der Millionär nutzte das Land nicht etwa landwirtschaftlich oder gar für die Viehzucht. In „seinem" Hafen hatte er eine große Fabrik, die Gerbsäure produzierte. Man gewann sie aus Quebracho-Bäumen, einer Holzart, die wir noch zur Genüge kennenlernen würden. Kein Holz war härter als Quebracho. So mancher hat sich seine Axt daran stumpf geschlagen. Darauf weist auch der Name Quebracho hin – er kommt von „Quiebra hacha", „Axtbrecher". Das schöne rote Holz ergab rot leuchtende Kohlen, über denen man Fleisch braten oder leckere mennonitische Tweeback backen konnte. Der „Axtbrecher" wurde auch für den Brückenbau verwendet, denn er faulte nicht.

Casado aber gewann aus dem Harz des Baumes das Tannin, ein Bindemittel, das zum Gerben von Leder, als Korrosionsschutzmittel sowie im Wein und in Medikamenten verwendet wird. Um die Quebracho-Bäume bis zur Fabrik zu transportieren, hatte die Casado-Gesellschaft eine Eisenbahnlinie 145 Kilometer weit ins Landesinnere gebaut. Dort war „Endstation". „Kilometer 145" ist heute noch jedem Chaco-Mennoniten ein wichtiger Begriff.

Die Siedlungen der Mennoniten lagen noch viel weiter im Inneren des Chacos. Die alteingesessenen Siedler fuhren mit ihren Ochsenfuhrwerken von ihren Dörfern bis „Kilometer 145", wo sie ihre landwirtschaftlichen Produkte gegen Mehl, Stoffe, Medikamente und viele andere lebenswichtige Konsumgüter tauschten. Diese Fahrten konnten mehrere Tage dauern,

Die „Endstation" am „Kilometer 145"

wenn die Wege nach der Regenzeit tief unter Wasser standen. Deshalb waren die Unternehmungen auch sehr abenteuerlich. Abends wurden die Erlebnisse des Tages dann am Lagerfeuer noch weiter ausgeschmückt – und wenn die Männer nach Hause kamen, brachten sie nicht nur die ersehnten Artikel mit, sondern die tollsten Geschichten, die dann jahrelang die Runde machten. Matrosen nennen so etwas Seemannsgarn.

Die Siedlungen lagen 400 Kilometer Luftlinie von Asunción entfernt, wo es einen Markt für die Erzeugnisse gab. Aber mangels Straße legten die Güter der Mennoniten erst mehrere Tage lang den beschwerlichen Weg bis zur „Endstation" zurück. Von dort ging es mit der Schmalspurbahn bis Puerto Casado und anschließend noch einmal in einer dreitägigen Schiffsreise bis Asunción. Auf diese Weise hielt sich der Ertrag der Landwirtschaft in Grenzen.

Mennonitisches Land im Chaco war Casado-Land gewesen. Der Großgrundbesitzer hatte es an die Mennoniten verkauft – zu einem Preis, der um einiges über dem Marktwert lag. Im Grunde genommen gehörte das Land aber den Enlhet-Indianern, die nur keinen Grundbesitz-Titel dafür nachweisen konnten. Jetzt arbeiteten die armen Gestalten teilweise im Hafen und wurden dafür mit zivilisatorischen Errungenschaften in Form von Geschlechtskrankheiten, schlechten Zähnen und Tuberkulose belohnt. Einen dieser Indianer sollte ich bald nach unserer Ankunft in Puerto Casado näher kennenlernen.

Als wir über die Anlegebrücke das Schiff verließen, betraten wir zum ersten Mal Chaco-Erde. Es würde ziemlich lange dauern, bis wir sie mal wieder verlassen würden. Genau hier waren 1921 die ersten mennonitischen Kundschafter an Land gegangen, 1927 waren ihnen rund 1.800 Männer, Frauen und Kinder gefolgt, die „Mennos". Sie hatten Kanada verlassen, weil sie mit der Regierung in Konflikt wegen ihrer Sonderrechte geraten waren. Ihre Vorfahren waren auch Russlanddeutsche, die Russland noch zu Zeiten des Zaren den Rücken gekehrt hatten – ebenfalls wegen der Sonderrechte. So schloss sich der Kreis.

Die kanadischen Einwanderer mussten über ein Jahr im Hafen Casado warten, bis die von einem US-Unternehmen beauftragte Firma „Corporación Paraguaya" das Land vermessen hatte. In dieser Zeit brach am Hafen eine schreckliche Typhus-Epidemie aus, der 147 Personen zum Opfer fielen. Aber bekanntlich hat ja alles ein Ende, auch das Warten, und im Jahre 1928 konnten die Siedler sich auf dem ihnen zugewiesenen Land niederlassen. Sie gründeten die Kolonie Menno. Zwei Jahre später wurde die Kolonie Fernheim gegründet, von Mennoniten, die Russland wegen des Kommunismus und unruhiger Zeiten verlassen hatten.

Zum Nachdenken blieb auch uns keine Zeit, denn mit einem lauten „Hallo" wurden wir von Passagieren der „Heintzelman" begrüßt, die eine Lancha vor uns angekommen waren.

Altes Haus im Chaco; so fingen wir auch an

Nach dem Willkommensgruß führte man uns zu einem großen Schuppen, in dem wir übernachten sollten. In der Nähe war ein großer Kessel aufgestellt worden. Die Männer schleppten Wasser und Holz herbei, und bald flackerte ein lustiges Feuer unter dem Kessel.

Uns wurde schönes frisches Fleisch und Reis zugeteilt. Das würde eine gute Suppe geben. Nach der langen Fahrt hatten wir großen Hunger. Das Essen auf der Lancha hatte uns keine großen Gaumenfreuden bereitet. Das rohe Fleisch, das zur Verpflegung der hungrigen Passagiere vorgesehen war, hing ungeschützt an einem Haken, von Tausenden von Fliegen umschwirrt. Allein der Anblick löste bei uns hier und da Würgreiz aus.

Das würde sich jetzt ändern, da unsere Frauen und Mädchen sich um die Zubereitung kümmerten. Sie standen um den Kochtopf herum und unterhielten sich, als sich ein Indianer näherte. Es war der erste „Eingeborene" meines Lebens. Er musterte uns. So, wie er uns anblickte, schien er nicht schüchtern zu sein. Wir waren ängstlich und rückten zur Seite. Seine Haut war sehr dunkel und faltig, von der Sonne gegerbt. Um seinen Körper hingen schmutzige, zerfetzte Lumpen. Plötzlich fuhr eine braune Hand in die kochende Suppe und kam wieder mit einem großen Stück Fleisch zum Vorschein.

Die Frauen schrien vor Entsetzen auf. Er lief davon und verschwand auf Nimmerwiedersehen hinter dem Schuppen. Wir sahen uns sprachlos an. So etwas hatten wir noch nie erlebt. Bestimmt beeindruckte uns damals, dass er gegen die kochende Brühe abgehärtet schien. Heute denke ich eher: Wie hungrig muss er gewesen sein!

Die erste Nacht überstanden wir mit leichten Blessuren – trotz aller Vorsichtsmaßnahmen. Das Mannsvolk hatte auf dem ganzen Gelände eine Reihe von Feuern entfacht, um die uns bereits in allen Farben geschilderten Urwaldtiere fernzuhalten. Doch nicht Jaguar, Puma oder Klapperschlange griffen uns an. Die gab es im Chaco auch, vor so einer großen Ansammlung von Menschen hätten sie aber Reißaus genommen. Die schlimmsten Quälgeister an allen wasserreichen Stellen im Chaco sind die Mücken und noch nerviger die Polvorines, eine Art von Zwergmücken, die sich nicht anders als durch einen juckenden Stich bemerkbar machten. Der Rauch sollte diese Plagegeister abschrecken, aber vergeblich. Am nächsten Morgen sahen wir aus, als ob die Masern ausgebrochen wären. Unsere Arme und Gesichter waren voller rötlicher Punkte, die gewaltig juckten und sich bei manchen zu richtigen Flatschen entwickelten.

Zum Frühstück wurden Galletas verteilt. Das ist sehr harter Schiffszwieback, der so manchem nicht mehr ganz festen Zahn den Garaus machte. Eingetunkt entpuppte er sich dann doch als Leckerbissen. Leider gab es in Casado keinen dampfenden Kaffee, sondern heißen Matetee, jetzt aber nicht in der

Guampa oder im Kürbis serviert, sondern ganz normal aufgegossen wie Schwarzer oder Grüner Tee. Grün sah er auch aus, aber er hatte einen eigenwilligen, aromatischeren Geschmack, gewöhnungsbedürftig zwar, wie die Galletas, aber beides ließ uns dann doch schnell die deutsche Wrukensuppe vergessen.

Die kleine Dampfwolke, die dem rußgeschwärzten Kessel entstieg, verbreitete gerade so etwas wie Gemütlichkeit, als eine weit größere Dampfentwicklung uns jämmerlich schnaufend aus den Träumen riss: Im Schneckentempo kroch ein kleiner Zug heran. War es unser Zug? Der obligatorische, dieses Mal etwas schrillere Pfiff beseitigte alle Zweifel!

Geduldig wartete er nur auf uns und unsere Siebensachen. Die Reise durch den Chaco-Busch konnte beginnen – dachten wir. Allein – bei den Paraguayern ging es nicht so schnell. In aller Ruhe – „paciencia, tranquilo", murmelten sie – beluden sie den Tender hinter der asthmatischen Lokomotive mit Holz zum Heizen. Dann packten sie aus dem nahe gelegenen Laden – es war eher eine Bruchbude – Säcke mit Galletas auf. Wir sahen schon, wie wir den Rest des Lebens damit verbringen würden, die harten Galletas zu verzehren.

Dann war es so weit. An der Lok hingen einige Personenwagen, die auch Sitzbänke hatten, doch die meisten Wagen waren für den Viehtransport gedacht. Ganz langsam zockelte das Bähnchen los. Geduldig warteten wir auf das Erreichen der Höchstgeschwindigkeit, mussten dann aber feststellen, dass die längst erreicht war. Schließlich sprangen einige Jungendliche, unter ihnen natürlich auch ich, hinunter und gingen im Schritttempo hinter dem Zug her. Manchmal kletterten wir auch aufs Dach, aber viel zu sehen gab es nicht.

Die „Flichtlinje"

Die Gegend empfanden wir als sehr eintönig. Viel Busch und Gestrüpp, ab und zu mal ein hoher Baum und ein paar ausgetrocknete Tümpel. Endlich die „Endstation". Bis hierher und nicht weiter kamen – natürlich aus der entgegengesetzten Richtung – auch die Wagen aus den Siedlungen, um ihre Erzeugnisse abzuliefern und die bestellten Waren aus der Hauptstadt abzuholen, nach einer dreitägigen Fahrt über schreckliche Wege.

Da warteten auch schon die Wagen, die Ochsengespanne, die Pferdekutschen – die „Buggys" mit einem Schatten spendenden „Top" darauf und „Buggys" ohne Deck, gefedert oder ohne Federung. Da warteten auch schon die Leute aus den Kolonien Menno und Fernheim auf die Ankömmlinge, also auf uns. Vom Wetter gegerbt, von der schweren Arbeit gezeichnet, von Missernten enttäuscht. Sie starrten uns an – und staunten. Flüchtlinge! Sie sahen Mädchen und junge Frauen mit gepflegten Gesichtern und Händen, mit ondulierten Haaren, in modischen Röcken und Blusen – und in echten oder aufgezeichneten Nylonstrümpfen. Die Männer und Frauen aus dem Chaco hatten sich unter „Flüchtlingen" etwas anderes vorgestellt: ärmliche, ausgemergelte Gestalten, denen das schwere Schicksal, das sie erlitten hatten, auf der Stirn geschrieben stand. Dass unsere Kleidung aus dem Spendensack kam, hätten sie uns nicht abgenommen, denn im Vergleich zu ihren abgewetzten Hosen, Hemden und Kleidern sahen unsere Sachen wie neu aus.

„In daut saule Flichtlinje senne!", flüsterten sie sich zu, ein Satz, der sich zu einem geflügelten Wort wandelte. Trotzdem werden wir von ihnen bis heute die „Flichtlinje" genannt. Aber die Siedler selbst hatten sich auch schon gegenseitig etikettiert. „Kanadier" waren die Leute aus der Kolonie Menno, die aus Kanada eingewandert waren. „Russen" waren die Bewohner der Kolonie Fernheim. Ob die „Flüchtlinge" auch eige-

So fuhren wir mit dem Pferdewagen durch den Busch

ne Wege gehen und eine dritte Kolonie gründen würden, war noch nicht klar. Aber eines schälte sich schon früh heraus: Die „Kanadier", die „Russen" und die „Flüchtlinge" hatte ihre Eigenheiten, ihre Marotten und charakteristischen Stärken und Schwächen. Die „Kanadier" sprachen mit englischem Akzent, waren geradeheraus und ein wenig naiv. Die „Russen" galten als gebildet und daher überheblich. Die „Flüchtlinge" hatten zu lange im Kommunismus gelebt und waren als ziemlich unfromm verschrien.

Die Verteilung der Flüchtlinge auf die Siedler vollzog sich schnell. Die Namen wurden aufgerufen, und jeder Fuhrmann holte sich „seine" Familie ab. Unser Kutscher hieß Bernhard Töws. Er hatte einen Pferdewagen. Wir konnten von Glück reden, die Reise würde nicht so lange dauern. Da es staubig und trocken war, mussten wir nicht befürchten, im Schlamm stecken zu bleiben.

Der Weg war schmal durch den Busch geschnitten und mit Schlaglöchern übersät. Wir wurden ziemlich durcheinander gerüttelt. Da der Wagen ungefedert war, ging das Rütteln und Schütteln derb auf die Knochen. Besonders für Mama war es ziemlich anstrengend.

Kurz nach Mittag hielt Bernhard Töws an. Er spannte die Pferde aus, tränkte sie an einem Wasserloch, band sie am Wagenende fest und schüttete Futter in den Wagenkasten. Wir machten es uns im Gras unter dem Schatten eines Baumes bequem. Töws schob eine Kiste herüber: „Dit es de Eetinjs-Tjist, miene Frau haft fe aulen wat tum Eeten ennjepackt" (Das ist die Proviant-Kiste, meine Frau hat für alle etwas zum Essen eingepackt), sagte er auf Platt mit kanadischem Akzent. Er sprach nur Platt, aber das war ja auch unsere Lieblingssprache. Seine Frau hatte viele gute Sachen eingepackt: Brot, Butter, Marmelade, Kuchen, Fleisch und vieles mehr. An einer Hungersnot schienen die Chaco-Leute nicht zu leiden, stellten wir für uns erleichtert fest, ohne es auszusprechen. Nach Herzenslust schlugen wir uns die Bäuche voll. So ein gutes Essen hatten wir zuletzt auf der „Heintzelman" bekommen. Danach legten wir uns noch ein wenig hin, um auszuruhen – die erste „Siesta" im Chaco. Aber in erster Linie machten wir die Pause, damit die Pferde wieder Kraft schöpften.

Dann fuhren wir weiter, über Stock und Stein, bis es Abend war. An einem freien Platz hielten wir an. Hier war die Raststelle für den Pferde- und Ochsenwagenverkehr zwischen den Siedlungen und der „Endstation". Vor uns waren bereits ein paar Wagen angekommen. Die Leute hatten schon ihre Feuerchen gemacht, und jeder kochte mit seiner Flüchtlingsfamilie etwas in kleinen gusseisernen Grapen, den typischen Töpfen mit Henkel, die sie mitgebracht hatten. Das Essen schmeckte uns hervorragend. Von der holprigen Fahrt waren wir derart angeschlagen, dass wir vor Müdigkeit nicht mehr die Augen offenhalten konnten.

Aber der ersehnte Schlaf stellte sich nicht ein, denn als die Sonne unterging, erwachte rings um uns das Urwaldleben, und wir hörten Kreischen, Knurren, Schreien und Quaken. Vor allem die Frösche veranstalteten ein ohrenbetäubendes Konzert, das man diesen kleinen Hüpfern gar nicht zugetraut hätte. Wecken musste man uns am nächsten Morgen wirklich nicht.

Noch vor dem ersten Sonnenstrahl standen die Siedler auf, um den Frühstückstee zu kochen. Das Feuer hatte nachts unentwegt gebrannt. In diesem Fall ging es nicht in erster Linie darum, die Mücken zu verscheuchen, sondern die Raubtiere. Selbst wenn ein Jaguar einen Angriff nicht wagen würde, weil seine potenziellen Opfer so groß und zahlreich waren, so hätte seine Annäherung und sein Anschleichen genügt, um Ochsen und Pferde wild zu machen.

Aber die Feuer hatten ihre Wirkung getan, weder ein Jaguar noch ein Puma noch sonst ein gefährliches Tier hatte sich unserem Lager genähert. So ließen sich die Pferde gleich nach dem Frühstück ohne Widerstand anschirren. Den Ochsen, ihren Besitzern und Reisenden wurde noch ein wenig Ruhezeit gewährt, denn sie waren am Abend vorher erst spät von der „Endstation" eingetroffen. Die Pferdefuhrwerker hatten es eilig. Die Sonne war noch nicht hinter dem Horizont aufgetaucht, als sie mit der Zunge schnalzten, ein lautes „Nioo" vernehmen ließen und den Pferden auf diese Weise das Signal zum Aufbruch gaben.

Die Landschaft neben unserem Weg blieb eintönig. Hin und wieder öffnete sich der dornige Busch und gab den Blick auf eine kleine Grassavanne frei, die mit großen, Schatten spendenden Bäumen bestanden war. Ihre Namen lernte ich erst später kennen: Urundey, Paratodo, Quebracho. Im Frühling – ab Oktober – entfalten diese Bäume eine ungewöhnliche Blütenpracht. Aber wir hatten nicht Frühling, sondern Hochsommer.

Uns kam es merkwürdig vor, dass die Pferde nicht von dem

körperhohen Gras zum Fressen verführt wurden. Unbeirrt folgten sie den Wagenspuren vor ihnen, ohne auch nur einmal eine Kostprobe zu nehmen.

Was wir als wunderbare Weide für das Vieh ansahen, nannte Bernhard Töws, unser Fahrer, dann „ungenießbares Bittergras". Für die Menschen sei es nicht ganz ohne Nutzen, fügte er hinzu. Die Siedler deckten mit dem harten, langstieligen Gras ihre Häuser. Das Bittergras sei auch wichtiger Bestandteil der Indianer-Toldos. Aus Ästen bauten die Ureinwohner einen kuppelartigen Rohbau mit einem Ausgang. Dieses Äste-Skelett deckten sie mit dem Bittergras – und fertig war der Toldo. Zumeist lebten sie aber draußen vor der Hütte. Der Toldo diente nur als Zuflucht bei Regen und in kalten Nächten. Die Jäger und Sammler blieben nie lange an einer Stelle. Wenn sie die Beeren und das Waldobst abgepflückt und die Wildschweine der Gegend erlegt hatten, zogen sie weiter. „Heute bleiben die Indianer meist in der Nähe unserer Dörfer", erzählte Töws. „Bei uns finden sie Arbeit, bekommen Essen und haben immer Wasser aus unseren Brunnen."

Papageien und ein Ameisenbär

Die kleinen, baumbestandenen Grassavannen im Chacobusch wurden „Campo", deutsch „Kamp", genannt. Sie sind miteinander verbunden und bilden das uralte Bett eines verschwundenen Flusses. Fliegt man heute mit dem Flugzeug darüber, erkennt man die Flussform der Savannen.

Der sandige Boden ist ein weiterer Hinweis auf die Flussvergangenheit dieser Landschaft. Der Sand war für die Siedler ein Beleg für die Fruchtbarkeit des Bodens. Aus diesem Grunde ließen sie sich hier nieder. So umgingen sie das lästige und anstrengende Buschroden. Erst später nahmen sie den dichten und dornigen Wald in Angriff.

Über unseren Köpfen hörten wir ein ständiges Kreischen. Es kam von Hunderten von Papageien, eher kleineren Arten, die uns an Wellensittiche erinnerten. Vom holpernden Rollen unserer Wagenräder aufgescheucht, flogen sie in riesigen Scharen von den Bäumen hoch und protestierten lärmend gegen die Ruhestörung. Eher paarweise tauchten Amazonen mit ihrem giftgrünen Gefieder auf, das am Kopf und an den Flugfedern mit leuchtend roten, gelben oder blauen Farben unterstrichen war. An Lärm noch überlegen waren ihnen die Buschhühner namens Charata, deren Lautäußerung sich wie eine Mischung aus Autostarten und lautem Lachen anhörte. Außerdem erfreuten wir uns an Kolibris, Straußen, Reihern, kleinen und großen Tauben, Flamingos und an guten alten Bekannten, den Spatzen, die mit uns eines gemeinsam hatten: Sie waren ebenfalls Einwanderer.

Große Tiere hörten uns schon von Weitem und machten sich rechtzeitig aus dem Staub, sodass wir sie nicht zu Gesicht bekamen – angefangen bei den Jaguaren und Pumas, verschiedenen anderen Katzenarten oder Wildschweinen. Dafür liefen uns bisweilen Gürteltiere, Waschbären und jede Menge Eidechsen über den Weg. Einmal sahen wir ein großes Tier mit einer langen, röhrenförmigen Schnauze. Auffallend war auch der buschige Schwanz. „Das ist der Ameisenbär", sagte Töws, „er ist auf der Suche nach Ameisenlöchern, in die er seine Schnauze steckt. Dann streckt er seine lange, dünne Zunge heraus, und wenn diese voller Ameisen klebt, schleckt er sie herunter. Da es im Chaco von Ameisen nur so wimmelt – wie ihr noch leidvoll erfahren werdet – leidet der Nasenbär selten Hunger. Eher stören ihn seine Feinde, die Menschen."

Die Landschaft, die uns anfangs eintönig erschien, zeigte sich, je näher wir sie kennenlernten, umso interessanter und abwechslungsreicher. Unterschiedliche Kakteen wuchsen am Wegrand, von den am Boden wachsenden, deren Blüten die „Königinnen der Nacht" sind, bis hin zu den Säulenkakteen wurde die Kulisse immer exotischer. Ich bat Bernhard Töws, doch einmal anzuhalten. Dann kletterte ich vom Wagen und sah mir die Schönheiten aus der Nähe an.

Kreuzte nicht gerade ein von Tieren ausgetretener Pfad den Busch, war es fast unmöglich, den Busch zu betreten. Am Rand wuchsen Caraguatá, wilde Ananas, deren lanzenförmige Blätter voller Widerhaken waren, die sich schmerzvoll in die Haut hineinbohrten.

Menschen und ihre Behausungen sahen wir kaum. Alles, was uns in dieser Richtung zu Gesicht kam, verdiente allenfalls die Bezeichnung Hütte. Da wir die Mennoniten und ihr handwerkliches Können sowie ihre Zähigkeit, Cleverness und Geduld kannten, war uns klar: Auch wenn sie erst fünfzehn Jahre da waren, mussten sie über bessere Unterkünfte verfügen. Aber wir hatten mittlerweile auch gehört, mit welchen Schwierigkeiten sie zu kämpfen hatten – Trockenheit, extreme Temperaturen, extrem lange Wege und vieles mehr. Daher warteten wir gespannt auf den Augenblick, in dem ein Mennonitenhäuschen auftauchen würde.

Schließlich war es so weit. Als wir in eine Kurve einschwenkten, lag unmittelbar vor uns ein kleines, im hellsten Weiß getünchtes Haus mit einem kleinen Garten. Wir waren erleichtert. Das war ja schon fast eine Idylle.

Aber Bernhard Töws fuhr noch weiter bis zu einem anderen Gehöft. Links und rechts neben der Auffahrt standen Obstbäume, die voller Apfelsinen, Mandarinen und Pampelmusen hingen. Gesäumt war die Auffahrt von einer Reihe stolzer Paradiesbäume. Dann kamen wir auf den Hof. Alles war ordentlich, sauber und von Unkraut befreit. Zwei kleine weiße Häuschen mit je zwei Räumen standen sich hier gegenüber. In einem waren die Schlafzimmer untergebracht, in dem anderen eine ziemlich große Wohnküche. Auf dem großen Hof stand außerdem eine Scheune.

Eine Frau kam uns lächelnd aus dem Haus entgegen und

Familie Bernhard Töws

hieß uns auf Plattdeutsch willkommen. Ihr folgten vier kleine Kinder – das älteste war ein Junge von fünf Jahren, dahinter kam ein vierjähriges Mädchen mit langen, blonden Zöpfen. Den Abschluss bildeten zwei kleine Bengel, die wahrscheinlich drei und zwei Jahre alt waren. Als sie den unbekannten Besuch sahen, liefen sie schnell zu ihrer Mutter und versteckten sich hinter ihrem Rockzipfel. Der Rock reichte beinahe bis zum Boden, sodass die Buben eine große Fläche hatten, hinter der sie sich verstecken konnten.

Außerdem trug die Frau eine Stoffhaube auf dem Kopf. Ihre Bekleidung hatte eine große Ähnlichkeit mit der Bekleidung der Amish in den USA, die geschichtlich gesehen auch zu den Mennoniten gehören. In der Tat kamen unsere Gastgeber, wie alle Menschen dieser Siedlung, aus Nordamerika, und zwar aus Kanada. Sie waren die wirklichen Pioniere des Chaco und hatten hier die Siedlung Menno gegründet. Sie waren konservativer als die Siedler aus Fernheim – oder gar als wir.

Wir waren so ganz anders gekleidet. Mama trug zwar einen längeren Rock und fiel daher nicht großartig aus dem Rahmen, aber mein Rock reichte gerade bis zum Knie. Mein Haar war nicht schlicht zum Knoten gebunden, ich trug eine Dauerwelle. Aber die Familie ließ mit keinem Zeichen merken, dass sie unseren Aufzug als ungebührlich empfand. Im Gegenteil, alle behandelten uns mit ausgesuchter Freundlichkeit.

Leider wurde unsere Familie getrennt, denn niemand hier hatte alleine so viel Platz und Wirtschaftskraft. Mama und Peter kamen zum Nachbarn, der ebenfalls Bernhard Töws hieß und zur Unterscheidung zu seinem Nachbarn der „kleine Bernhard Töws" genannt wurde. Im Allgemeinen hießen die Mennoniten Penner, Wiens, Dyck, Klassen, Wiebe, Janzen, Martens oder Neufeld. Ihre Vorfahren stammen aus Friesland, Flandern und dem Weichselgebiet.

Die Einheitlichkeit der Namen führte in einem Land wie Paraguay immer wieder zu Verwirrung, zumal die Paraguayer große Schwierigkeiten mit der Aussprache hatten. Da wird aus einem Neufeld ein Ne-ufel, aus einem Wiebe ein Wi-ewe, und ein Schapansky, um einen selteren mennonitischen Namen zu nennen, kann nur unter der Gefahr eines Zungenbruchs ausgesprochen werden.

Mein Mädchenname ist Martens, der Name meines späteren Mannes war ebenfalls Martens. Nach dem paraguayischen Namensrecht müssten unsere Kinder daher „Martens de Martens" heißen. Bei offiziellen Anlässen, zum Beispiel einer Abiturfeier, stutzten offizielle Gäste, zum Beispiel der Kultusminister, bei der Übergabe der Urkunde und ließen, wenn sie den Schüler aufriefen, gerne ein nach ihrer Ansicht überflüssiges „Martens" weg. Fehlte ein Nachname, so bedeutete dies aber: eine alleinerziehende Mutter oder eine Frau, die von ihrem Mann verlassen wurde. Unseren Leuten fällt dies nicht so auf wie den

Einheimischen; es interessiert sie auch nicht weiter, weil sie ja eh den Status des Schülers ganz genau kennen.

Wir hatten es gut getroffen. Beide Gastgeber-Familien waren sehr nett, die „kleinen Bernd Töws" standen den „großen Bernd Töws" in nichts nach. Mein Schlafzimmer musste ich mit den Kindern teilen, was mir wenig ausmachte, da ich kinderlieb und Schlimmeres gewöhnt war. Wir waren natürlich nicht nur Gäste, sondern „Aufgenommene", und es kam uns auch nicht in den Sinn, auf der faulen Haut zu liegen. Ich beschäftigte mich mit den Kindern und half im Haushalt, so gut es ging. Vom Haushalt verstand ich nicht viel, wo sollte ich es auch gelernt haben? Meine Jugend hatte ich auf der Flucht verbracht.

Die Kinder hatte ich schnell auf meiner Seite. Allerdings durfte ich ihnen keine Märchen erzählen, das empfanden sie als Sünde. In den Hexen, Zauberern, Zwergen, Feen und Elfen sahen sie böse, magische Gestalten. Und die Zauberei war eh Teufelswerk. Um den Leuten keinen Anstoß zu geben, ließ ich mein Haar wachsen, sodass ich es bald hinten zusammenstecken konnte. Meine Röcke wuchsen allerdings nicht nach.

Kaktusfeigen

Häufig lief ich zu den Nachbarn hinüber, um Mama und Peter zu treffen. Auf dem Rückweg von einem dieser Besuche hatte ich dann meine erste hautnahe Begegnung mit dem Chaco. Am Wegrand sah ich eine Kaktuspflanze voller roter Beeren. Da wir mit Süßigkeiten nicht verwöhnt wurden, hatten wir einen Heißhunger auf süße Früchte. Die Beeren seien zum Essen geeignet, hatte ich gehört, die Hausfrauen in der Kolonie Menno würden daraus sogar eine hervorragende Marmelade herstellen. Hätte ich ein Gefäß gehabt, hätte ich alle Beeren darin gesammelt. So aber nahm ich kurz entschlossen meinen Rocksaum, formte eine Mulde, pflückte die verführerischen Früchte, die – von der hellroten Farbe abgesehen – aussahen wie Pflaumen, und ließ sie ins Kleid fallen.

Was ich nicht wusste: Die Früchte haben auf ihrer Schale kleine, stecknadelgroße Grübchen, die mit Hunderten von winzigen Dornen besetzt sind, nicht größer als Sporen, so dünn wie Härchen und mit dem bloßen Auge nur zu erkennen, wenn man sie ganz aus der Nähe betrachtet. Zuerst spürte ich die Dornen nicht. Erst als ich zu Hause ankam und voller Stolz die Ernte ausbreitete, merkte ich, dass meine Hände und Oberschenkel empfindlich reagierten. Jetzt schaute ich näher hin und entdeckte an meinen Handflächen zahlreiche rote Pünktchen. Als ich sie näher in Augenschein nahm, sah ich in der Mitte jedes Pünktchens eine winzige Nadel stecken.

Als ich Tante Tin, so nannte ich Frau Töws, den Ausschlag zeigte, fragte sie: „Oba Agnes, waut hast du jedone?" Weil ich so verdattert war, konnte ich nicht antworten und zeigte nur auf die Kaktusbeere. Ganz vorsichtig nahm Frau Töws eine Beere heraus und zeigte mir die kleinen Dornenfelder. Dann brachte sie mir eine Pinzette, und ich zog ganz vorsichtig einen Stachel nach dem anderen aus meiner Haut heraus. Sie sahen aus wie kleine blonde Härchen. Ich hätte sie nicht gesehen, wenn sie nicht in der Mitte eines roten Punktes gesteckt hätten.

Das war Schwerstarbeit, denn man musste vorsichtig ziehen, damit sie nicht abglitten oder abbrachen. Danach musste ich auch das Kleid wechseln, das erst beim Waschen von den Tausenden von Stacheln befreit wurde. Die ganzen Oberschenkel und die Hände steckten voll. Noch mehrere Tage schmerzten sie mich.

Das Erlebnis war mir eine gute Lehre. Der Chaco ist reich an Dornen und Stacheln, aber wer den Dornen ausweicht, der kann sich diese Landschaft erobern. Auch „meine" Kaktusfeigen kann man verzehren, man muss sie nur mit einem dicken, harten Tuch oder mit Arbeitshandschuhen (die wir im Chaco

Familie Bergen

natürlich nicht hatten) abpflücken und anschließend im Sand oder eben mit einem festen Textil abreiben. Nach und nach lernten wir alle Gefahren kennen und sahen in unserer neuen Heimat nicht nur das Abschreckende.

Aber so weit waren wir noch lange nicht. Zunächst ging es darum, wo wir in den nächsten Wochen bleiben, wann wir auf unser Grundstück ziehen und wovon wir überhaupt, ganz auf uns alleine gestellt, leben würden. Eines Tages bekamen Tante Tin und Onkel Bernhard, so durfte ich sie mittlerweile nennen, Besuch. Sie stellten sich als Änn und Abram Bergen vor und waren enge Verwandte der Familie Töws. Auch ihre beiden Kinder hatten sie mitgebracht, Martha und Willy, sieben und neun Jahre alt.

Schon bald nannte ich sie Tante Änn und Onkel Abram.

Später titulierte ich alle ihre Verwandten im Erwachsenenalter mit Onkel oder Tante. Die „Kanadier" gaben einer engen freundschaftlichen Beziehung zwischen Erwachsenen und Heranwachsenden einen verwandtschaftlichen Status. Ein junger Mensch, der von einem älteren Menschen gesagt bekam: „Du kannst mich Onkel Peter" oder „Du kannst mich Tante Anna" nennen, der konnte sich voll auf diesen Menschen verlassen. Wer „nur" unserer Gemeinschaft angehörte, der wurde von jüngeren Menschen mit „Onkel" plus Nachname oder „Tante" plus Nachname angesprochen. Also „Onkel Töws" statt „Herr Töws". Als ich Bernhard Töws kennenlernte, nannte ich ihn „Onkel Töws". Nachdem er mir seinen freundschaftlichen Segen gegeben hatte, war er für mich „Onkel Bernd".

Während ich mit Martha und Willy auf dem Hof spielte, palaverten die Erwachsenen im Haus. Spätestens als meine Mutter, die auf dem Nachbarhof lebte, gerufen wurde, wusste ich, dass wir, die „Flüchtlinge", der Grund dieses Besuches waren. Die Spannung nahm zu, als Onkel Bernd an der Haustür erschien und rief: „Agnes, komm du auch mal rein."

Abram und Änn Bergen machten keine Umschweife: „Agnes, hättest du Interesse, unsere Kinder zu unterrichten?" Natürlich wusste ich, dass ich nur eine eingeschränkte Ausbildung hatte. Ich hatte aber schon mitbekommen, dass der Unterricht in der Kolonie Menno, die von konservativen Mennoniten gegründet worden war, ziemlich jämmerlich war. Die Familie Bergen wollte nun aus dem Schulsystem der Menno-Siedler ausscheren, weil sie ihren Kindern ein besseres schulisches Fundament geben wollte.

Obwohl ich über keinerlei Erfahrung im Lehrerberuf verfügte, sagte ich sofort zu. Das Einverständnis von Mama hatte ich vorausgesetzt, denn sie war zuerst gefragt worden. Hätte sie nicht genickt, wäre man erst gar nicht an mich herangetreten. Über Arbeitszeiten, Entlohnung, Urlaub oder Rentenbeiträge gab es natürlich keine großen Verhandlungen.

Mit meinen beiden Schülern
Martha und Willy Bergen im
Obstgarten

In einer Woche würden sie mich abholen. Für Mama und Peter ergab sich auch eine kleine Änderung. Die „Kleinen Bernd Töws" zogen um und ihre „Flüchtlinge" wurden von den Nachbarn, den „Großen Bernd Töws", übernommen.

Bergens wohnten im Dorf Bergthal. Sie bewohnten ein ganz einfaches, mit Schilf gedecktes Haus: zwei Zimmer, Küche, Speisekammer. Aber das Wichtigste war: Tante Änn und Onkel Abram waren ein glückliches Paar und behandelten ihre Kinder mit großer Liebe. Auch ich habe in dieser Familie viel Liebe erfahren.

Als Erstes stellte ich einen Stundenplan auf. Die wenigen vorhandenen Lehrbücher waren alle zu vernachlässigen. So bastelte ich mir selbst eine Didaktik zurecht. Aber so schwierig war es dann auch wieder nicht: Ich musste einfach das, was ich in der Schule gelernt hatte, an diese Kinder weitergeben.

Neben dem Unterricht half ich auch im Haushalt, so gut ich konnte. Abends spielte ich mit den Kindern auf dem Hof. Das war von Montag bis Samstag im Großen und Ganzen mein Wochenablauf. Der schönste Tag in der Woche war der Sonntag. In den Federn konnte ich auch an diesem Tag nicht lange bleiben, denn es ging schon ziemlich früh los zum Gottesdienst, der meistens im nächsten Dorf gefeiert wurde. Abram Bergen spannte zwei wunderschöne braune Rappen vor den gefederten Wagen, rief uns zu sich auf den Sitz, schnalzte mit der Zunge, die Pferde zogen an und sausten über die Dorfstraße. Der gefederte „Buggy" war viel flotter als der robuste Wagen ohne Federung, mit dem wir von der „Endstation" gekommen waren. Frische Luft strich über unsere Gesichter, denn die Sonne brannte um diese Zeit noch nicht so stark vom Himmel. Und so sausten wir mit zwei Pferden dahin, die noch ganz frisch und für ihren Elan bekannt waren.

Der Gottesdienst in der Kolonie Menno war mir zuerst sehr fremd. In den ersten Bankreihen saßen ein paar ernst und wichtig dreinschauende Männer und der Prediger. Die Männer sagten ein Lied an und fingen an zu singen, die Gemeinde fiel ein. Sie sangen alle einstimmig aus Liederbüchern ohne Noten. Die Frauen sangen so schrill und laut, dass ich mir gerne die Ohren zugehalten hätte. Der Prediger sprach nicht frei, er las den Text seiner Predigt vor. Sein Deutsch war eine Mischung aus Platt- und Hochdeutsch mit russischen und kanadischen Einsprengseln. Der Vortrag klang sehr seltsam. Zwischendurch musste ich mir die Hand vor den Mund halten, um mein Lachen zu verstecken. Heute sind die Zeiten des sehr steifen, sehr ritualisierten Gottesdienstes in Menno vorbei. Es gibt große Kirchen, gut ausgebildete Prediger, große Chöre – und vor allem auch gute Schulen mit guten Lehrern.

Die Nachmittage verbrachte ich dann oft mit anderen Jugendlichen. Begeistert unternahmen wir Ausflüge oder machten andere lustige Sachen.

Mein Lehrerberuf machte mir riesigen Spaß, aber mein großes Ziel und das meiner Mutter war die Unabhängigkeit von anderen Menschen. Das bedeutete: siedeln. Mit uns zusammen warteten noch mehr als 800 andere Menschen, die Passagiere der „Heintzelman", auf das Startsignal. Diese Menschen wurden wie wir in der Kolonie Menno untergebracht und versorgt. Nach uns kamen noch die Passagiere der „Charlton Monarch" in Puerto Casado an, etwa 700 Personen. Sie wurden in den Kolonien Fernheim und Menno verteilt. Eines schien schon entschieden: Die „Flüchtlinge" würden eine neue autonome Siedlung gründen und die neuen Dörfer nicht unter dem Dach von Menno oder Fernheim führen.

Einige Dörfer waren schon im Entstehen, wie wir hörten. Sie hatten Namen, die uns bekannt vorkamen: Neuendorf, Lichtenau, Neu-Halbstadt – und Einlage! Die Siedler hatten ihrer neuen Heimat die Namen gegeben, die sie aus Russland und zuvor aus Preußen mitgebracht hatten.

In Sommerfeld, dem Zentrum von Menno (heute heißt es Loma Plata), gab es eine große Ansiedlungsversammlung, zu der auch meine Mutter eingeladen war. Nachher erzählte sie: „Da war so ein kleiner Mann, der stand vorne und erklärte uns das ganze Siedlungsunternehmen. Er war klug und selbstbewusst." Nachher erfuhren wir seinen Namen: Es war Peter Derksen, der sich schon in Deutschland um die verstreut lebenden Flüchtlinge gekümmert und sie gesammelt hatte. Jetzt war er ebenso eifrig darum bemüht, den Leuten eine neue Heimat zu geben.

Er erfuhr nicht immer Zuspruch, auch in den nächsten fünfundzwanzig Jahren nicht, in denen er unsere Kolonie als Oberschulze leitete. Heute können wir einschätzen, was er geleistet hat. Schon allein sein Optimismus hat die Siedlung gerettet. Viele gaben auf, hunderte wanderten aus, aber Peter Derksen blieb standhaft. Über dreißig Jahre später ging unsere Familie in eine besondere Beziehung mit Peter Derksen ein: Mein Sohn Horst heiratete Susanna, seine jüngste Tochter.

Aber jetzt in Sommerfeld ging es um den Anfang. Die dort versammelten Flüchtlinge erfuhren, welche „Campos" zur Verfügung standen. Die Mennoniten sahen sie als eine gute Möglichkeit an, um hier die Dörfer zu gründen. Die Campos waren vor Tausenden von Jahren Flussbetten gewesen, weshalb sie auch eine ovale Form hatten, also sehr viel länger als breit waren. In ihrer Ausdehnung und Form eigneten sie sich ideal für die Anlage von Reihendörfern: Mittendurch führte eine Straße, an der fünfzig bis hundert Meter voneinander entfernt die Häuser der Dorfbewohner lagen.

Bei der Zusammenkunft in Sommerfeld erklärten Peter Derksen, die Vertreter des MCC und die Delegierten der schon bestehenden Siedlungen, welche Kämpe für uns vorgesehen waren und welche Namen sie erhalten sollten: unter anderem Kronsfeld, Schönhorst, Sandhorst, Altenau, Großweide, Gronau. Meine Mutter entschied sich für Steinfeld. Der Name des Dorfes hatte mit unserer Geschichte nichts zu tun. Einlage, wo wir in Russland gelebt hatten, war schon vergeben – von den Passagieren, die mit der „Volendam" gekommen waren. Aber in Steinfeld ließen sich viele nieder, die wir während der Flucht näher kennengelernt hatten. Außerdem spielte auch die Glaubensgemeinschaft eine Rolle. Einige Familien, die sich für das zukünftige Steinfeld entschieden, gehörten – wie meine Mutter – der Mennoniten-Brüdergemeinde an.

Zu erfahren war bei der Versammlung in Sommerfeld auch, dass eine Großfamilie bzw. eine Familie mit einem Mann eine 12-Hektar-Wirtschaft erhalten würde, während eine Witwe nur die Hälfte, etwa sechs Hektar, zugesprochen bekäme. Meine Mutter tat sich mit einer Bekannten, Lena Hildebrandt, ebenfalls eine Witwe, zusammen. Sie bekamen Sechs-Hektar-Grundstücke, die nebeneinander lagen.

Noch war alles pure Theorie, die Grundstücke existierten für uns erst einmal nur auf dem Papier. Aber wie wir hörten, waren die Menschen aus Menno und Fernheim schon auf den neuen Kämpen unterwegs, um sie entsprechend zuzuschneiden und die ersten Brunnen zu graben. Wasser ist Mangelware im Chaco. Nur jeder zweite Brunnen lieferte genießbares Wasser – für unsere Helfer war es also gar nicht so einfach, die Mindestvoraussetzungen für eine Ansiedlung zu schaffen.

Für meine Mutter, Peter und mich war es immer klar gewesen, dass wir uns für einen Neuanfang entscheiden würden. Auch wenn wir drei von Landwirtschaft nur wenig Ahnung hatten und auch zu wenig Kraft aufbieten konnten, um ein landwirtschaftliches Unternehmen zu führen. Aber es gab Menschen, die andere Pläne mit uns hatten. Das Ehepaar Töws kam eines Tages mit einem Vorschlag an. Bernhard Töws meinte: „Wir werden bei uns auf dem Hof ein kleines Häuschen bauen. Dort könnt ihr wohnen."

Das war ein gutes Angebot, aber es barg eine große Gefahr in sich – die Abhängigkeit von einer anderen Familie. Meine Mutter rackerte sich schon jetzt für die Familie Töws ab, weil sie auf diese Weise nicht nur ihre Dankbarkeit zeigen, sondern auch die guten Taten der Töws' vergelten wollte. Sie tat mehr als ihre Pflicht. Die Familie Töws bekam vom MCC für die Aufnahme und die Versorgung meiner Mutter und meines Bruders Haushaltsgeld. Mama arbeitete aber von früh bis spät und betreute vier kleine Kinder. Ein fünftes Kind sollte folgen, die Frau war wieder schwanger. Wir konnten das Angebot, so gut es auch gemeint war, nicht annehmen.

Ich nahm meine Mutter einen Augenblick zur Seite und sagte entschieden: „Hier bleiben, das kommt nicht in Frage. Lehn den Vorschlag ab!" Das tat sie dann auch, denn sie sah das so: „Schwerer als die Arbeit in dieser Familie kann die Ansiedlung

*Die Queen war schon in die Jahre gekommen. Ich kaufte mir
das Pferd von dem Geld, das ich als Lehrerin verdiente*

nicht sein – und bei der Ansiedlung kannst du mir noch helfen."

Ich hingegen lebte bei der Familie Bergen in Bergthal, die
mir ein schönes Leben bereitete. In dieser Zeit lernte ich auch
Reiten. Am Sonntagnachmittag sattelten die Kinder und ich
die Pferde und ritten aus. Was war dieses Leben doch so viel
anders als die schrecklichen Fluchtjahre!

Aber mit den Wochen, die vergingen, näherte sich allmählich der Zeitpunkt für den Neuanfang. Vom MCC erhielten
wir Geld für eine Kuh. Für das Geld kauften wir uns eine
Dienstleistung von Bernhard Töws ein: Er sollte uns dafür auf
unserem neuen Grundstück in Steinfeld ein Hausgerüst aufstellen. Den schönen Mantel, den wir noch aus der MCC-Kleiderspende auf der „Heintzelman" hatten, tauschten wir für
eine Kuh um. Einen schon in die Jahre gekommenen Schim-

mel kaufte ich mir von meinem bei Bergens verdienten Geld. Bergens gaben mir ein zweites Pferd mit, ebenfalls einen Schimmel – für das Versprechen, im nächsten Jahr wiederzukommen und ihre Kinder zu unterrichten. So wucherten wir mit unseren Pfunden.

Die zwei Pferde waren unser großes Glück. Mit Ochsen zu arbeiten, war ungleich schwerer. Diese Tiere waren nicht nur sehr viel langsamer, sie waren auch störrisch. Auch das nötige Geschirr für die Pferde bekamen wir mitgeliefert. Onkel Abram hatte Lederstücke gesammelt, die er zu einem brauchbaren Pferdegeschirr zusammenflickte. Er war nicht nur mein Reit-, sondern auch mein Fahrlehrer: Er unterrichtete mich im Anspannen, Fahren und Lenken. Dann konstruierte er einen Schlitten, der eine Wassertonne transportieren sollte – vom Dorfbrunnen bis zu unserem Haus. Familie Töws steuerte ein paar Hühner bei – und einen Hahn. Außerdem gaben sie uns ein Schränkchen mit, in dem wir das Essen aufbewahren konnten. Am Anfang diente uns das Schränkchen als Tisch.

8 Erdnüsse, Maniok und Ameisen

Abends beluden wir die Wagen. Bernhard Töws hatte noch seinen Cousin mit einem zweiten Wagen engagiert. Auf einem Wagen waren unser Gepäck und die Sachen von Bernhard Töws. Am „Heck" waren meine beiden Schimmel angebunden. Auf dem zweiten Wagen lagen der Schlitten für die Wassertonne, ein paar Bretter und ein Kälbchen, am Schlussbrett war die Kuh angebunden. Am frühen Morgen zockelten wir los, nachdem wir Abschied genommen hatten. Nur ganz langsam ging es vorwärts. Die Kuh war störrisch, sie wurde zum ersten Mal von einem Strick gezogen, der an einem Wagen befestigt war. Nur weil sie ihr Kälbchen vor sich liegen sah, gab sie dem ziehenden Wagen nach. Aber hin und wieder war sie nicht bereit, dieses Schicksal noch länger hinzunehmen. Stockbeinig versuchte sie dann, sich der nach vorne ziehenden Kraft entgegenzustemmen.

Als der Abend nahte, hatten wir gerade mal die Hälfte der Strecke hinter uns gebracht. Da am Weg natürlich keine Raststätte war, suchten wir uns ein freies Plätzchen und kampierten in der Natur. Töws und sein Verwandter fütterten Pferde und Kuh mit Hirse, das Kälbchen durfte zu seiner Mutter. Das Vorbereiten der Mahlzeit war natürlich Frauensache. Wir suchten uns Holzstücke im Wald, entfachten ein Feuer und kochten ein Nudelgericht. Danach gab es Kaffee und Kuchen. Lange saßen wir noch am Feuer und ließen uns von Bernhard Töws Ansiedlungstipps geben. Mama, Peter und ich hatten keine Ahnung, was auf uns zukam.

Dann breiteten wir rings um das Feuer Decken aus und legten uns schlafen. Als der Morgen graute, wurde schnell Kaffee gekocht, etwas gegessen, und weiter ging's in Richtung Neuland. Wann genau wir ankamen, weiß ich nicht mehr.

Die Sonne schien noch, als wir in unser Dorf, nach Steinfeld, hineinkamen. Die Straße war an beiden Seiten abgesteckt, auch die einzelnen Grundstücke waren schon markiert. Auf vielen Höfen standen bereits Hütten. Manche bestanden nur aus Geäst mit einem Dach aus Bittergras, an anderen waren schon Lehmwände zu erkennen, aber am meisten fielen uns natürlich die fertigen Bauten auf: kleine, weiße Häuschen aus Lehmziegeln und mit Fenstern und Läden, einer Tür und einem Dach aus Stroh. Da drinnen konnte man sich bestimmt heimisch fühlen.

Wir lernten: Vom Baufortschritt war auch auf die Familienordnung zu schließen. Je größer die Familien, je erwachsener die Kinder, desto weiter fortgeschritten war das Bauwerk. Natürlich gab es auch Familien, die später eingetroffen waren und sich noch nicht so intensiv dem Bau einer Behausung widmen konnten. Wir gehörten dazu.

Der Dorfschulze empfing uns und zeigte uns unseren zukünftigen Hof. Unsere Wagen fuhren auf das Grundstück. Wir luden alles ab. Die Männer fütterten die Pferde. Mama und ich nahmen sofort die Spaten in die Hand und stachen die hohen Bittergrasbüschel aus. Auf diese Weise schufen wir eine freie Fläche, auf der wir uns zuerst einmal niederlassen konnten. Gleichzeitig erhielten wir dabei auch Material für den Bau der ersten provisorischen Unterkunft. Die Bittergrasbüschel dienten als Hüttendach. Es wurde von größeren Ästen getragen, die wir aus dem Busch holten. Das war unser erstes eigenes Haus im Chaco.

Töws und sein Schwager fingen gleich damit an, das Gerüst für das richtige Haus aufzustellen. Sparren, Latten und Dachbalken hatten sie mit dem Wagen mitgebracht. Eine Woche brauchten sie, bis die letzte Latte festsaß. Das solide Baugerüst war aus dicken Pfosten erstellt worden, das Strohdach würde nach dieser Konstruktion vorne und hinten weit über die Außenwände hinausragen und auf einem von Pfosten gestützten

Querbalken enden. „Schattendach" nannten wir diese Variante einer überdachten Veranda.

Aber zunächst war nur das Gerüst fertig, das bloße Gerippe, an dem sich die Konturen des zukünftigen Hauses nur erahnen ließen. Über die Balken legten wir eine Reihe von Brettern nebeneinander – fertig war unser provisorisches Schlafzimmer in Form eines Hochbettes. Die Männer aus Menno hatten auch noch eine solide Leiter für uns gebaut, sodass wir ungefährdet hinauf und hinunter klettern konnten. Vor Schlangen, Raubkatzen oder anderem Getier brauchten wir uns nicht zu fürchten.

Dann verabschiedeten sich die „Mennos". Jetzt waren wir allein auf unserem Hof. Mit Betonung auf „unserem". Noch war viel zu tun, um aus dem wilden Areal etwas zu machen, das nach Hof aussah.

Das Wasser im Dorfbrunnen, unserer einzigen Wasserquelle, war knapp. Die Bewohner standen fast Tag und Nacht an und schöpften solange, bis der Brunnen leer war. Die Warteschlange war ziemlich lang, und wenn wir endlich mal dran waren, lief der Eimer nicht einmal voll. Da auch hinter uns viele Leute standen und warteten, füllten wir die Tonne auf unserem Schlitten nur halb, was lange genug dauerte. Für das Pferd, unsere „Queen", war es in solchen Fällen ein Leichtes, die hin- und herschwappende Fracht nach Hause zu ziehen. Häufig kamen wir erst um elf Uhr nachts nach Hause.

Das Wasser brauchten wir nicht nur für den eigenen Verbrauch und für den Haushalt, sondern auch für die Herstellung von getrockneten Lehmziegeln. Eine Ziegelfabrik gab es natürlich nicht. Daher war jede Familie gezwungen, die rechteckigen Blöcke für den Bau der Wände selbst zu produzieren. Wer auf seinem Hof schon über einen Brunnen verfügte, war bereits fleißig dabei.

Mama und ich gingen in den Busch, um einen Flaschenbaum zu fällen. Der bauchige Stamm war zwar mit bedrohlich

Ein Flaschenbaum

wirkenden Stacheln bewehrt, aber das Holz war so weich und feucht, dass man wie bei einen Schwamm das darin enthaltene Wasser ausdrücken konnte. In den Anfangszeiten haben wir diese Bäume gefällt, das weiche Holz herausgehackt und es den Rindern als Wasserersatz gefüttert. Beim Fressen des weichen Holzes nahmen die Tiere auch gleichzeitig Wasser zu sich.

Der ausgehöhlte Flaschenbaum bewährte sich in der Pionierzeit der Siedlung auch als Sarg – bei den hohen Temperaturen und den fehlenden Aufbewahrungsmöglichkeiten mussten Tote schnell unter die Erde. Wir hatten etwas anderes damit vor: Der Baum war in kurzer Zeit gefällt, von Ästen befreit und ausgehöhlt. Das Pferd zog diesen Trog nach Hause. Er sollte uns bei der Herstellung der Ziegel helfen.

Wichtigstes Material für die Ziegelherstellung war Lehm,

der in der sandigen Grassavanne Mangelware war. Also gingen wir an den Buschrand und suchten eine Stelle mit hohem Lehmvorkommen. Zuerst mussten wir eine freie Fläche schaffen, indem wir die Sträucher ausrodeten. Nach Abtragen der Humusschicht stachen wir den Lehm ab und ließen ihn von der „Queen" nach Hause transportieren, wo wir ihn dann in den Flaschenbaumtrog luden. Spülwasser, Badewasser, Abwasser, Trinkwasser – alles, was sich noch irgendwie Wasser nennen konnte, schütteten wir hinein, auf den Lehm. Ein unangenehmer Geruch breitete sich über dem Trog aus.

Wenn das Maß erreicht war, stampften wir den Lehm durch. Wenn die Masse die richtige Konsistenz erreicht hatte und schön teigig war, konnten wir damit beginnen, den Lehm in die Formen zu füllen – wenn Formen zur Verfügung standen. Da wir keine eigenen Formen hatten, mussten wir bei den Nachbarn leihen, die aber genauso wie wir auch beim Hausbau waren. In ihrer Mittagspause, wenn die Sonne im Zenit stand und Temperaturen um 50 Grad herrschten, überließen sie uns die begehrten Objekte. Immerhin, die Ziegel wurden von Tag zu Tag mehr, und schließlich formten wir die letzte. Nachdem die Steine an der Sonne getrocknet waren, waren sie verwendungsbereit. Jetzt konnten wir die Wände hochziehen.

Mutter war Handlangerin, ich Maurerin. Als Mörtel benutzten wir nassen Lehm. Selbstverständlich mauerten wir nach einer Schnur, aber, oh weh, schnurgerade wurden die Wände nicht. Aber mit Putz aus zerhacktem Bittergras und Lehm konnte man alles ausgleichen. Unter dem vorderen Schattendach mauerten wir als Erstes die Küche mit dem Herd, der ebenfalls aus Lehmziegeln bestand und von einer gusseisernen Platte abgeschlossen wurde. Jetzt musste Mama nicht mehr unter der glühenden Sonne kochen und braten.

Auf die andere Seite des Schattendaches kam die Speisekammer. Aus Brettern und Lehmziegeln zimmerten wir ein Regalsystem, um hier unsere Lebensmittel zu deponieren:

Unser erstes Haus im Chaco

Milch, Brot, Fleisch, Gemüse. In die Speisekammer bauten wir auch eine Tür und zwei Fenster, die wir uns gekauft hatten, damit wir diesen Raum abschließen konnten, sodass keine Ratten, Kröten und Schlangen hineinkamen. Das Fenster für die Küche stellte ich selber her, aber statt des teuren Fliegendrahtes befestigte ich am Rahmen einen feinen, durchsichtigen Stoff, der Fliegen, Kakerlaken, Moskitos und anderes Ungeziefer aussperrte. Das Dach deckten wir mit Schilfgras, das wir auf den Latten mit Lehm festklebten. Als alles fertig war, feierten wir für uns ein kleines Fest.

Wir werden Siedler

Jetzt, vom September bis Oktober, warteten wir auf den Frühjahrsregen, damit wir pflügen und pflanzen konnten. Pferde hatten wir ja schon, einen kleinen Handpflug bekamen wir von der Siedlungsleitung zugeteilt. Einen Hektar Land hatten Mama und ich mit eigener Hand gesäubert. Mama grub mit dem Spaten vor, während ich die Wurzeln mit dem Beil heraushackte.

Von dem Geld, das wir für Lebensmittel bekamen, hatten wir etwas auf die Seite gelegt. Von den Ersparnissen engagierten wir Indianer, die für uns noch drei weitere Hektar rodeten. Schließlich waren also vier Hektar für das Pflanzen und Säen vorbereitet.

Das Ackerland hatten wir genau aufgeteilt: jeweils ein Hektar Baumwolle, Erdnüsse, Kafir (eine Hirseform) und ein Hektar für das Chaco-Allerlei: Süßkartoffeln, Maniok, Wassermelonen, Honigmelonen und kleine Kürbisse. Maniok war das paraguayische Nationalnahrungsmittel. Vor dem Essen servierten die Paraguayer als Erstes die gekochte stärkehaltige Knolle, die in dieser Form als Beilage wie Brot zur Hauptmahlzeit gegessen wurde. Aber die Maniokwurzel kann auch wie die Kartoffel zubereitet werden – mit Soße und gebratenem Fleisch, gewürfelt und angebraten. Mit dem Maniokmehl können viele leckere Teigspeisen zubereitet werden. Die bekannteste ist die Chipa, die meist von Straßenhändlern angeboten wird. Die Kafir-Hirse verfütterten wir an die Hühner und Pferde. Besonders die Pferde fanden die Körner an der Rispe sehr lecker. Mit einer Rispe in der Hand als Lockmittel ließen sie sich schnell einfangen.

Aber Kafir verfeinerte auch unser manchmal sehr eintöniges Essen. Die gemahlenen Körner ergaben einen Kaffeeersatz, „Prips". Die meisten fanden ihn scheußlich und mieden ihn, sofern sie sich mit richtigem Kaffee versorgen konnten. Aber ich habe ihn gerne getrunken. Er musste allerdings eine bestimmte Temperatur haben, außerdem durfte er mit nur wenig Milch gemischt werden. Leckeres Brot konnte man mit dem Kafirmehl backen, wenn es dem Weizenmehl beigemischt war. Es war ein dunkles Brot, das leider den schlechten Ruf eines Arme-Leute-Brotes hatte.

Mit Mama und Peter in Steinfeld

Neben den landwirtschaftlich genutzten Feldern und dem Gemüsegarten legten wir auch einen Vorgarten an, in dem wir – neben Blumen – Zitronen, Apfelsinen, Mandarinen und Grapefruits anpflanzten. So kam neben dem Deftigen auch Süßes und Saures auf den Tisch und in den Magen.

Aber die Felder lagen noch brach. Bevor wir mit dem Pflanzen loslegen konnten, musste der große Landregen kommen. Als sich dann endlich dunkle Wolken über unserem Dorf zusammenzogen und entluden, konnten wir es kaum erwarten, den Samen unter die Erde zu bringen. Meine Mutter hatte das mennonitische Wissen über Saat und Ernte aufgesogen und konnte dieses historische Erbe jetzt an mich weitergeben. Sie brachte mir das Schwierigste bei, die Kunst des Pflügens. In einer Hand hielt ich die Zügel und lenkte damit die Pferde, in der anderen führte ich den Pflug. Die Pferde kannten die Kunst des Pflügens schon gut und wussten, dass sie in der Furche bleiben sollten. Am Anfang müssen sich die Tiere über meine Furchenführung wohl sehr gewundert haben, denn von einer geraden Linie konnte nicht die Rede sein.

Die Schufterei ging uns auf die Knochen, und wenn der Tag sich dem Ende zuneigte und das Abendbrot eingenommen war, sank ich entkräftet ins Bett. Wenn ich die Augen schloss, sah ich immer wieder die gleichen Bilder ablaufen – wie der Pflug sich in den Boden grub und die Erde umwendete. Vor Übermüdung brauchte ich manchmal sehr lange, bis ich einschlief.

Umso mehr freuten wir uns, als die ersten Pflänzchen hervorkamen. Gepflanzt hatten wir alles mit der Hand. Dazu hatten wir mit der Hacke ein Loch in die Erde gehackt, den Samen gestreut, mit dem Fuß das Loch zugescharrt, und das Ganze nach fünfzig Zentimetern wiederholt, Reihe für Reihe. Das Säen ging am Anfang ziemlich holprig von der Hand, aber schließlich hatten wir den Rhythmus heraus. Einem unwissenden Beobachter muss sich ein seltsames Bild geboten haben: wie Tänzerinnen auf dem Feld.

Wie wir es geplant hatten, so gingen die Pflänzchen auch auf, schön in Reih und Glied. Aber leider war die Freude über das Wachsen und Gedeihen nur von kurzer Dauer, denn die Pflänzchen hatten einen lästigen Feind: Blattschneiderameisen! Sie machten sich über die Pflanzungen her und zerstörten sie bis zum letzten Halm. In langen Reihen kamen sie anmarschiert, wohlgeordnet, die Blattstückchen wie Fähnchen über dem Kopf haltend, bewacht von ihren Kriegern. Ihre Trampelpfade waren schon aus der Ferne zu erkennen, an den Spuren, die diese Tiere hinterlassen hatten, aber auch an einzelnen fallengelassenen Blattstückchen. Die Blattstückchen, die sie einsammelten, dienten nicht der Nahrung, sondern als Grundlage für einen Pilz, der auf dem fauligen Grund gut wuchs und die Leibspeise der Krabbeltiere war. Darüber machten wir uns

natürlich keine Gedanken. Wir waren vielmehr auf ihre Aus-
rottung aus, denn sie machten kaputt, was uns das Überleben
ermöglichen sollte.

Im Jahr unserer Ansiedlung hatten wir genügend Gift zur
Verfügung, das wir an den Pfaden und an den Löchern streu-
ten. Sie waren von richtigen Mini-Schutzwällen umgeben, die
ihnen aber in diesem Fall keinen Schutz boten. Gab es kein
Gift, griffen wir zu weniger radikalen Methoden: Wir fütterten
die Ameisen mit Brennnesselkraut, nicht zu vergleichen allerdings mit der deutschen Brennnessel. „Füttern" war natürlich
falsch, was wir damals nicht wussten. Denn wir servierten ihnen
mit den Brennnesseln ihren Nährboden. Ging eine Ameisen-
burg auf unser Friedensangebot ein, organisierte die nächste
schon den Überfall auf unsere so lebensnotwendige Pflanzung.
Eigentlich war dies nur ein kurzes Ablenkungsmanöver, aber
in dieser kurzen Zeitspanne hatten die Pflänzchen eine Chance
zu wachsen. Wenn es nur spärlich regnete und sie nur langsam
größer wurden, schnitten die Ameisen ganze Flächen kahl. Im
ersten Jahr fiel viel Regen, und die Pflanzen wuchsen schneller,
als die Ameisen sie abernten konnten. Die erste Schlacht gegen diese Tierchen hatten wir gewonnen, auch aus der nächsten würden wir noch als Sieger hervorgehen, aber irgendwann
in den nächsten Jahren würde Steinfeld aufgeben und dasselbe
Schicksal erleiden wie zuvor schon Waldheim und andere Dörfer. Besiegt von Ameisen!

Noch gaben wir nicht auf, sondern säten schnell nach, wo
sich Lücken auftaten. Das Feld war gut bestellt, als das Fest des
Jahres nahte und wir uns daran begaben, zum ersten Mal Weihnachten zu feiern. Unsere Sitten und Gebräuche waren auf eine
kalte Jahreszeit eingestellt, auf Eis und Schnee, Eisblumen an
beschlagenen Scheiben, brennende Kerzen auf Fensterbänken
und eingemummte Frauen, Männer und Kinder. Hier kletterte
das Thermometer auf 43 Grad Celsius. Aber irgendwie kam
dann doch noch so etwas wie Weihnachtsstimmung auf.

Alle Höfe im Dorf waren geharkt und gepflegt. Im einen oder anderen Backofen lag noch Glut, in der die leckeren Plätzchen gebacken wurden. Eine Gluthitze herrschte auch außerhalb des Ofens, schwüle Luft staute sich über dem mittleren Chaco und wollte nicht abziehen.

Noch war es nicht ganz dunkel, als die Eltern mit ihren Kindern an unserem Hof vorbeizogen. Sie strebten alle der Dorfmitte zu. Dort, auf einem Hof, stand die erste Scheune, die uns mit einer schnell aufgebauten Bühne als Saal für die erste Weihnachtsfeier dienen sollte. Die Jungen hatten einen Weihnachtsbaum im Busch gefällt, wofür sie einen wilden Pflaumenbaum ausgesucht hatten, der am ehesten ihrer Auffassung von einem Weihnachtsbaum entsprach. Er wurde mit verschiedenen Girlanden aus buntem Papier geschmückt. Ein paar Bänke standen schon da, Stühle und Hocker brachten die Dorfbewohner selbst mit.

Mit dem Singen einiger Weihnachtslieder begann die Feier. Die Kinder trugen Gedichte vor. Sie strahlten bei diesem kärglichen Fest genauso wie in den wohlhabenden Ländern, wo der Weihnachtsbaum reich geschmückt war und zu Hause große Geschenke darauf warteten, ausgepackt zu werden. Nur die Erwachsenen schauten immer wieder nach Norden, denn dort zog eine dunkle Wolkenwand immer höher und höher und ein fernes Grollen kündigte an, dass ein Unwetter nahte. Ganz still war es, kein Lüftchen regte sich, selbst die Vögel hatten das Zwitschern eingestellt. Die Kinder sangen „Stille Nacht, heilige Nacht".

Plötzlich erhob sich ein Wind, der sofort ein paar Staubwolken vor sich hertrieb. Die Eltern schreckten auf, eilten nach vorne zum Weihnachtsbaum, holten ihre Kinder und liefen mit ihnen, so schnell sie konnten, zu ihrer Hütte. Der Weihnachtsbaum fiel um. Der Schmuck fegte über den Hof. Keiner kümmerte sich darum – der Wind schwoll zum Sturm an. Die Luft war grau vom hochgewirbelten Sand.

Mama und ich konnten nicht so schnell laufen, wie wir wollten, denn wir mussten ja Peter mitnehmen, aber zum Glück hatten wir es auch nicht so weit. Gerade hatten wir uns unter das Schattendach gerettet, da prasselte auch schon der Regen los. Schnell kletterten wir die Leiter hoch auf den Dachboden, der unser provisorisches Schlafzimmer und den einzigen windsicheren und trockenen Unterschlupf bildete. Der Wind erreichte beinahe Orkanstärke. Eine Böe riss mehrere Büschel Schilf aus dem Dach heraus.

Mama schrie mir zu: „Agnes, halt die Büschel fest, damit das Loch nicht größer wird!" Ich stellte mich auf einen Hocker und hielt das Schilf mit aller Kraft fest. An der Lücke hätte der Wind ansetzen und das ganze Dach abdecken können. Wassermassen liefen mein Gesicht herunter, und nach wenigen Minuten war ich klitschnass. Donner folgte auf Blitz. Von einer Sekunde auf die andere war der ganze Dachboden hell erleuchtet, und dann brannte wieder nur die Laterne, die im Donnerschlag tanzende Schatten an die Decke warf.

Nach einer halben Stunde ließen Sturm und Gewitter nach, und wir konnten damit beginnen, das Dach zu flicken. Als ich mich bei dieser Tätigkeit umdrehte, stand meine Mutter hinter mir, hielt mir die Laterne vors Gesicht und begann laut zu lachen. Verblüfft schaute ich sie an. „Du solltest mal in den Spiegel schauen, Agnes", riet sie mir, immer noch lachend. Da kein Spiegel zur Hand war, beschrieb meine Mutter mir mein Aussehen. Der sich auflösende Lehm hatte mein Gesicht gelbbraun gefärbt, die herabfallenden Regentropfen hatten seltsame Linien auf die Gesichtshaut gezeichnet, sodass mein Gesicht einer Maske ähnlicher sah als einem menschlichen Antlitz. Wasser war ja genügend da, es regnete außerdem immer noch, und da es ein tropischer Regen war, war es auch angenehm warm. Ich musste nur meine Hände aufhalten, um mein Gesicht zu waschen.

Am Weihnachtsmorgen arbeiteten alle Dorfbewohner fleißig, um die Sturmschäden zu beseitigen. Wie uns war es auch anderen Leuten ergangen, sie mussten jetzt ihre Dächer abdichten. Auch wir hatten noch einiges zu tun: Der Schornstein war umgestürzt und musste gerichtet, mehrere Lehmziegeln mussten neu eingesetzt werden. Aber pünktlich um neun Uhr versammelte sich die ganze Dorfgemeinschaft – niemand fehlte – zum Gottesdienst. Der Weihnachtsbaum wurde wieder aufgerichtet. Vom Schmuck war zwar nicht viel übrig geblieben, aber der Verlust kümmerte keinen, noch nicht einmal die Kinder. Alle stimmten mit voller Inbrunst in das Lied „O du fröhliche, o du selige, Gnaden bringende Weihnachtszeit!" ein. Die Fröhlichkeit der Menschen hatte ihren Grund nicht allein darin, dass sie fürchterliche Unwetter bei heiler Haut und ohne große Schäden überstanden hatten. Regen ist im Chaco immer ein Grund zur Fröhlichkeit, unabhängig davon, mit welchen Umständen er eintrifft.

Am Abend war der Hof schon so weit trocken, dass wir draußen sitzen konnten, eine Beschäftigung, die sich im Laufe der Zeit zur Lieblings-Entspannungstätigkeit entwickelte. Wer den ganzen Tag die schreckliche Hitze ertragen hat, der genießt das kühle Lüftchen am Abend umso mehr. Über uns breitete sich der schönste Sternenhimmel der Welt aus. So klar und deutlich habe ich die Himmelskörper nirgends sonst gesehen. Im Chaco macht die Milchstraße ihrem Namen Ehre, denn sie zeichnet sich unglaublich markant vor dem schwarzen Hintergrund ab. So saßen wir also bei angenehmen Temperaturen draußen und unterhielten uns über die Heimat, über die Ukraine. „Von früher erzählen", auch das wurde zur Tradition. Meine Kinder verlangten später oft von mir und meinem Mann: „Erzählt von früher!" Und dann erzählten wir vom Schnee, der sich meterhoch türmte, und von den Eisblumen an den beschlagenen Fenstern.

Aber je größer unsere Kinder wurden, umso häufiger hatten sie jede Geschichte schon gehört, umso seltener wollten sie sich mit uns über „früher" unterhalten. Irgendwann war es so weit: Die Alten „erzählen von früher", sie interessieren sich nicht für das Hier und Heute, sie leben in einer anderen Zeit, stöhnten sie dann. Aber jetzt, wo die Kargheit noch Küchenmeister war, konnten wir gut in vergangenen Zeiten schwelgen.

Während wir den Blick zurück pflegten, vernahmen wir ein seltsames Seufzen am Ende des Dorfes, das von einem anderen Seufzen in der Dorfmitte beantwortet wurde. Diese seltsamen Laute veränderten sich, wurden untermalt von einer satten Bassstimme, mal hörte man helle, mal dunkle Töne, bald seufzte, brummte und jammerte es im Chor, an allen Ecken und Enden, der Gesang schwoll zu einem ohrenbetäubenden Geschrei an, blieb plötzlich für einige Sekunden ganz weg, um dann da capo wieder beim Soloseufzer anzusetzen, der von der zweiten Seufzerstimme beantwortet wurde.

Im ersten Moment wirkte der apokalyptische Radau Furcht einflößend, aber die Auflösung kam postwendend mit unserer Nachbarin, die uns aufklärte: Das sind Frösche, die aus ihren Löchern gekrochen sind und sich in den vom Regen gefüllten Lachen und Tümpeln zur Brautschau aufplustern. Was beim ersten Mal an einen Jammergesang erinnerte, weckte dann immer gute Gefühle, denn „Froschkonzerte" bedeuteten immer: Es hat geregnet, die Tümpel sind voller Wasser, die Pflanzen auf den Feldern können gut wachsen.

Fremdes Klima

Da sich Paraguay auf der südlichen Halbkugel befindet, liegen die Jahreszeiten hier gegensätzlich zu denen auf der nördlichen Halbkugel, also zum Beispiel in Europa. Wenn die Menschen in Deutschland am meisten frieren, leiden sie in Paraguay am meisten unter der schlimmen Hitze. Der Chaco, so hört man, ist die heißeste Gegend in Südamerika mit Temperaturen über fünfzig Grad. Der Chaco-Winter hingegen, sofern man von einem Winter überhaupt sprechen kann, fällt zeitlich gesehen auf den Sommer in Deutschland. Für eine Oma, wie ich es jetzt bin, führt dies zu Schwierigkeiten. Wenn meine Enkel in Deutschland Sommerferien haben, herrscht hier oft unangenehmes Wetter, und sie haben natürlich keine Lust, mich in ihrem Urlaub zu besuchen. Im Dezember, Januar oder Februar, wenn die Sonne vom Himmel brennt, haben Claudio und Felix nur kurze Winterferien, die sie für eine so lange Reise nicht nutzen können.

Aber zurück zu unseren Ansiedlungsjahren: Schnell mussten wir erfahren, dass nicht die Kälte die schlimmste Eigenschaft des Winters war, sondern die Trockenheit. Minustemperaturen gab es einmal oder zweimal im Jahr – und immer nur bei klarem Himmel am frühen Morgen. Bis mittags kletterten die Temperaturen schon wieder bis auf 25 Grad.

Aber das Ausbleiben des Regens wirkte sich schlimm aus. Der Erdboden trocknete aus und wurde abgetragen, von Menschen, Tieren, Fahrzeugen oder auch vom kühlen Südwind, der aus der argentinischen Pampa kam und deshalb von den Einheimischen auch „Pampero" genannt wurde. Nach einigen Tagen, die manchmal von Nieselregen begleitet waren, drehte der Wind sich allmählich und kam dann von Norden, noch um einige Windstärken kräftiger und um ein paar Grad heißer.

Dieser Nordsturm vom brasilianischen Hochland Mato Grosso oder, wenn man so will, auch vom Amazonas, wirbelte Staub- und Sandmassen auf und trug sie kilometerweit. Er dauerte tagelang an. Es war ein ständiges An- und Abflauen. Wenn die starken Böen kamen, konnte man auf der Straße weniger sehen als bei dichtem Nebel. Der Sand, den der Nordsturm durch die Gegend fegte, landete nicht nur auf unserem Schattendach, sondern auch im Haus selbst, denn wir hatten nicht die Möglichkeit, alles winddicht abzuschließen. Wenn es zum Mittagessen russischen Borschtsch gab, knirschte es zwischen den Zähnen, denn der Sand war auf Stühlen und Tischen, im Geschirr und im Kochtopf gelandet.

Noch schlimmer als das unangenehme Gefühl von Sand war aber die psychische Wirkung. Denn der Nordsturm legte sich aufs Gemüt, auf die Stimmung, auf den Arbeitswillen. Der Nordwind und die unerträgliche Hitze sind die auffälligsten Eigenschaften des Chaco. Lange brauchten wir, um auch die schönen und die angenehmen Seiten kennen und lieben zu lernen.

Aber an Sand und Staub habe ich mich bis heute nicht gewöhnt. Ich lebe auf dem Land, aber von sauberer, frischer Luft kann keine Rede sein. Besonders wenn abends die Beleuchtung auf den Straßen angeht, sieht man nur noch einen Staubschleier, der über dem Dorf hängt. Schuld daran ist jetzt häufig nicht das Wetter, sondern die Zivilisation: Im Dreißig-Minuten-Takt rauschen Viehtransporter an meinem Haus vorbei und verpesten mit ihrem Dieselgestank und dem aufgewirbelten Staub die ganze Gegend. Wenn dann der Regen kommt, alles abwäscht und die staubige Straße in eine feste Fahrbahn verwandelt, dann ist es für ein paar Tage so, als ob wir in einer anderen Welt lebten.

Für die vielen alleinerziehenden Frauen, deren Männer in den sowjetischen Lagern lebten, verschollen oder im Krieg gefallen waren, gestaltete sich das Leben ungleich schwieriger als für eine vollständige Familie. Denn dort konnte auch der Vater seine Kraft einbringen. Gleich im ersten Chaco-Jahr erhielten wir eine Mitteilung, dass unser Vater lebte und auf der Suche nach seiner Familie war. Bald darauf bekamen wir die Nachricht, dass Papa an einem Schlaganfall gestorben war. Später erfuhren wir, dass er sich nach seiner Entlassung bei seiner Schwester eingefunden hatte, wo er dann wenige Tage darauf starb. Die Hoffnung auf seine Freiheit hatte ihn am Leben gehalten. Jetzt, als er erfuhr, dass seine Familie das Land verlassen und seine Heimat nicht mehr dieselbe war, verlor er den Lebensmut.

Die schwierigen Herausforderungen des Alltags hielten uns davon ab, in Trauer und Schwermut zu versinken. Vier Hektar gerodetes Land wollten bestellt werden. Nach jedem Regen pflügten und pflanzten wir, bis die Erde zu trocken war und die Pflugschar nicht mehr in den Boden eindringen konnte. Die Hitze und der Wind sorgten dafür, dass die Feuchtigkeit dem Boden schnell entzogen wurde.

Trotz aller Widrigkeiten wuchsen die Pflanzen und gediehen bis zur Reife. Bei der Ernte halfen uns Indianer, die in der Nähe siedelten und sich als Erntehelfer ein wenig Geld verdienten. Mit ihnen zusammen pflückten wir Baumwolle und zogen mit dem Pflug die Erdnüsse heraus. Wenn die Stauden – mit den Erdnüssen nach oben liegend – an der Sonne getrocknet waren, nahmen wir sie in die Hand und klopften sie über einer Tonne aus. Die Nüsse fielen in die Tonne und die Stauden kamen zum Trockenfutter. Natürlich brauchten wir für die Ernte trockenes Wetter, denn nur trockene Nüsse fallen von den Stauden. Wenn die Ernte unter Dach und Fach war, die Baumwolle in große Ballen gepresst und für den Verkauf vorbereitet war, dann war die meiste Arbeit getan.

Lehrerin in Menno

Jetzt hieß es für mich Abschied nehmen, denn ich ging wie abgemacht für ein halbes Jahr nach Menno, um dort als Lehrerin zu arbeiten. Auf diese Weise füllte ich unsere Haushaltskasse, was vor allem bei den gar nicht selten schlechten Ernten eine große Unterstützung war.

Mein Einsatz in Menno war erfolgreich. Ich bekam immer mehr Schüler. Die Leute waren sehr nett. Ich gab Kindern Privatunterricht, deren Eltern mit den konservativen und reichlich veralteten Unterrichtsmethoden der Siedlungsschulen mehr als unzufrieden waren. In diesen offiziellen Mennoniten-Schulen durften keine Frauen unterrichten. Abram Bergen und Isaak Funk, zwei Väter meiner Schüler, bemühten sich um geeignetes Schulmaterial und erhielten es vom Leiter der Zentralschule der Siedlung Fernheim, der aus Kanada kam und sehr gebildet war. Er hieß C.C. Peters. Wir vergaßen ihn nie, weil er ein enormes Wissen hatte und einen nicht weniger enormen Bauchumfang. „Buddelbaum-Peters" nannten ihn die Mennoniten in ihrer direkten Art – nach dem Flaschenbaum, der eine ähnliche Form hat. C.C. Peters war freundlich und hilfsbereit, besorgte die Bücher für unsere private Schule und stellte uns zudem einen Lehrplan zusammen. Das war eine große Hilfe für mich.

Ich stellte einen Stundenplan auf und teilte die Kinder in normale Klassen ein. Selbst das war in Menno nicht selbstverständlich. Dort wurden in der Schule drei Lerngruppen geführt: „die Fibler", „die Katechismer" und „die Bibler". Die Fibler lernten das ABC, leichtes Lesen und Schreiben und mussten die Zahlen kennen und schreiben können. Den Katechismern, die schon etwas lesen konnten, diente der Katechismus als Lesebuch. Die Bibler konnten den Katechismus auswendig aufsagen – etwa drei Fehler wurden geduldet. Diese Schüler konnten meistens auch besser lesen. Lesen, Abschreiben und Rechnen waren die einzigen Fächer.

Meine Schüler mussten natürlich aus einem ganz anderen „Brunnen der Erkenntnis" trinken. Sie lernten auch Schreiben, Erdkunde und Religion. Unterricht war am Vormittag und am Nachmittag, schließlich würden sie in einem halben Jahr lernen, was anderen in einem ganzen Jahr beigebracht wurde. Denn während der Pflanzzeit half nicht nur ich meiner Familie bei der Aussaat und der Ernte – auch meine Schüler mussten alle ihre kindliche Kraft in die schwere Arbeit stecken.

Familie Bergen – Tante Änn, Onkel Abram und ihre Kinder Martha und Willy – war umgezogen. Sie lebten in einem Haus, das der Siedlung gehörte. Mit dem freien Wohnen verbunden war die kaufmännische Arbeit in einem Lebensmittelgeschäft der Kolonie, das gleich nebenan stand. Das Wohnhaus hatte zwei Stockwerke, was in der Kolonie Menno gar nicht so unüblich war, in den anderen Kolonien jedoch überhaupt nicht vorkam. Oben waren die Zimmer für die Kinder und für mich. Bergens hatten sich auch ein Häuschen gekauft, zu dem ein Stück Land gehörte. Es lag etwa eineinhalb Kilometer entfernt. Man erreichte es nur auf einem Fußweg durch den Busch. Dieses Haus war jetzt die Schule. Schulbänke und -tische hatten sie auch irgendwoher organisiert.

Es war eine tolle Schule mit einem riesigen Hof, auf dem man ungestört spielen und schreien konnte. Keine Nachbarn weit und breit, ringsum nur Busch oder Savanne. Die Abgeschiedenheit wurde von allen als wohltuend empfunden. Von unserem Wohnhaus aus war in größerer Entfernung das Dorf Neu-Anlage zu sehen. Die Schüler, die von dort kamen, hatten einen langen, mühsamen Weg zurückzulegen, sie mussten sandige Strecken überwinden. In der Mittagszeit um 11.30 Uhr mussten sie sich den schrecklichen Weg wieder nach Hause schleppen. Um ein Uhr trotteten sie wieder mit großer Anstrengung zur Schule.

Wenn die Temperaturen über 30 Grad stiegen, wurde auch der Sand glühend heiß. Die kleinen, bloßen Füße mussten einiges ertragen. Bei warmem Wetter gingen alle Kinder barfuß, bei unangenehm kalten Temperaturen bekamen die meisten doch etwas an die Füße, auch wenn es nur einfaches Schuhwerk war. Wenn der kühle Südwind, der Pampero, aufkam, schlossen wir die südlich gelegenen Fensterläden, damit die kühle Luft nicht in die Klassenzimmer drang. Kindern aus ärmeren Familien, die einfach kein Schuhwerk besaßen, wickelte ich dann Fetzen von alten Baumwollsäcken, die in dem Haus herumlagen, um die eiskalten Füßchen. Wer friert, der lernt nicht gern.

Zum Schulschluss erarbeitete ich mit den Kindern immer ein Programm mit Liedern und Gedichten und lud die Eltern, Großeltern und Freunde dazu ein. Ein Schulabschlussfest war

Neben unserer Schule in Menno (heute Loma Plata)

schon etwas Besonderes – Kulturelles gab es sonst in diesen Kolonien überhaupt nicht, abgesehen vielleicht von den geistlichen Veranstaltungen. Zum Abschluss bekam jedes Kind eine Tüte mit Keksen und Bonbons. Die Kekse backte Tante Änn, die Süßigkeiten besorgte ich.

In der Kolonie Menno habe ich viel Schönes erlebt. Die Familien der Schüler behandelten mich wie ein Familienmitglied. Die Großeltern waren auch für mich „Großmame" und „Großpape". Wenn die Eltern der Schüler ihre Geschwister oder ihre eigenen Eltern besuchten, dann nahmen sie mich einfach mit. Auf den riesigen Familienfesten spielte ich immer mit den Kleinen – und wenn ein paar Großfamilien feierten, kam eine große Schar zusammen.

Für mich war diese Zeit in Menno eine ruhige Zeit. Werktags war ich immer eingespannt, denn auch am Abend beschäftigte ich mich mit den Kindern. Aber im Vergleich zur harten Feldarbeit in Steinfeld war das ja wirklich nur „Kinderkram". Wenn

Mit meinem Schüler Willy Bergen übe ich Bogenschießen

am Sonntag keine Verwandtenbesuche angesagt waren, nutzte ich die freie Zeit zum Lesen. Die Großeltern von Martha und Willy waren im Vergleich zu den anderen Siedlern gebildete Leute: Isaak Fehr und seine Frau hatten die „Steinbach-Post" aus Kanada abonniert, die auf den letzten Seiten einen Fortsetzungsroman abdruckte. Sie hatten alle Ausgaben der letzten Jahre aufgehoben, denn Lesbares außer der Bibel war in diesen Breiten selten. Die Zeitungen lagen chronologisch sortiert in ihrem Bücherregal, und sie gaben mir immer einen Stapel mit, sodass ich für ein Wochenende gut versorgt war. In Menno habe ich die schönste Zeit meiner Jugend verbracht.

Wenn ich nach Hause kam, wurde es hektisch. Gewöhnlich setzten um diese Zeit die Regenfälle ein. Es musste gepflügt und gepflanzt, die Pferde gefüttert, getränkt und gestriegelt werden. Aber auch die gesellschaftlichen Aufgaben nahmen zu. Inzwischen war im Dorf ein Chor gegründet worden.

Einmal wöchentlich war Übstunde, manchmal auch zweimal, denn die Sänger traten bei fast jedem Gottesdienst am Sonntag auf. Mittwochs war Bibelstunde, samstags Gebetsstunde, am Sonntagabend Jugendstunde. Zum Däumchendrehen blieb mir keine Zeit.

Zu den Kräftigsten und Mutigsten gehörte ich nicht, aber ich war zäh und konnte zupacken. Selbst gegen Giftschlangen, die mir häufig beim Pflügen über den Weg krochen, setzte ich mich trotz großer Angst zur Wehr, und zwar so lange, bis sie endgültig tot waren. Die gefährliche Klapperschlange und die mit schwarz-rot-weißen Ringen verzierte Korallenschlange konnten wir bald als besonders giftig identifizieren, aber über die Gefährlichkeit der anderen Schlangenarten fehlte uns jegliches Wissen. Oft hörten wir Vermutungen wie: „Das ist eine Baumschlange, die tut niemand was", aber verlassen wollten wir uns darauf nicht. Später erfuhren wir, dass es auch „falsche Korallenschlangen" gibt, die keine Giftzähne besitzen, aber mit ihrem Aussehen ihre Artgenossen imitieren, um Feinde abzuschrecken. Selbst Kenner taten sich schwer, die giftigen von den harmlosen Tieren zu unterscheiden.

Deshalb gingen die Siedler auf alles los, was nach Schlange aussah. Auch so manche Blindschleiche hat dabei wohl ihr Leben verloren. „Schlang blift Schlang." Bei diesem resoluten Vorgehen hatte man wohl auch die Schlange im Paradies im Hinterkopf, die den Menschen zum Abfall von Gott verführte. Wenn ich eine Schlange erblickte, dachte ich bei mir: „Vielleicht kriecht das Tier jetzt auf einen anderen Hof und bringt unsere Nachbarn in Gefahr." Dann suchte ich mir einen Knüppel und schlug damit dem Tier aufs Rückgrat, damit es nicht weiterkriechen konnte. Allerdings musste ich mit größter Vorsicht vorgehen, denn wenn die Schlange in einer Angriffsstellung lauerte, konnte sie aus dieser Position blitzschnell zustoßen. Hatte ich aber das Rückgrat getroffen, konnte sich das Tier nicht mehr von der Stelle bewegen. Dann bekam die Viper den

*In dieser Zeit trug ich
lange Haare*

endgültigen Schlag auf den Kopf und konnte weder Mensch
noch Tier ein Leid zufügen.

Schlangen begegneten mir auch oft, wenn ich Pferde aus dem
Busch holte. Wir besaßen keine Weiden, weshalb die Pferde
einfach in den Busch oder auf einen Campo gelassen wurden,
wo sie sich das fette Gras selbst suchten. Dafür banden wir
ihnen mit einem kurzen Seil nach Indianerart – nachzulesen bei
Karl May – die Vorderbeine mit einem Abstand von 20 cm zusammen, sodass sie ohne Beeinträchtigung grasen, aber keine
großen Schritte machen konnten. Wenn ich sie am Nachmittag
suchte, fand ich sie zumeist in nicht allzu großer Entfernung
vom Dorf. Bei diesem Gang über den schmalen Pfad in den
Busch krochen häufig Schlangen über meinen Weg. In meiner
Fantasie stellte ich mir dann vor, wie ich von einer Klapperschlange gebissen wurde und mir nichts übrig blieb, als einen
schrecklichen Tod zu sterben.

Tauffest

Bei diesen Spaziergängen dachte ich über Leben und Tod und den Sinn des Lebens nach. Ich betete dann: „Lieber Jesus, lass mich nicht sterben, bevor ich mich bekehrt habe." Obwohl Mama jeden Morgen die Bibel las und mit uns betete und ich alle biblischen Geschichten kannte, wusste ich nicht, wie ich es anstellen sollte, mein Leben Jesus zu übergeben, also es ihm anzuvertrauen.

Jeden Samstag war Gebetsstunde. Die Siedler des Dorfes kamen in der Schule zusammen und beschlossen die Woche mit Gebeten. Bei einer dieser Gebetsstunden wurde das Lied „Horch, was klopft in dir, hörst du's klopfen, immer klopfen, sprich, was ist es denn?" Das Lied bewegte etwas in mir, ich war so berührt, dass mir die Tränen kamen. Anschließend fragte mich ein befreundetes Ehepaar, ob ich etwas auf dem Herzen hätte, und nahm mich mit zu sich nach Hause. Als ich den beiden berichtete, dass ich schon seit längerer Zeit gern mein Leben Jesus übergeben würde, antworteten sie: „Komm, lass uns niederknien und beten."

In diesem Gebet legte ich Jesus mein Leben in die Hand. Danach ging ich froh nach Hause. Es war mir einfach leicht ums Herz. Am Sonntag war vor dem Gottesdienst immer noch Gebetsstunde, und ich wollte unbedingt auch öffentlich im Gebet meinen Glauben bekennen.

In der folgenden Woche holten mich die Menno-Leute wieder für ein Schuljahr in ihre Siedlung. Nun ging ich morgens immer etwas früher zum Unterricht und konnte vor Schulbeginn in aller Ruhe mit meinem Herrn sprechen und ihm alles vortragen, was ich auf dem Herzen hatte. Mit den Kindern betete ich vor dem Unterricht. Es war ein Gebet, das sie auswendig konnten, aber dennoch mit aller Inbrunst aufsagten.

In Neuland hatte die erste Rück- und Auswanderungswelle begonnen. Die Verhältnisse in Westdeutschland waren stabiler geworden, für unsere Leute war es jetzt kein Problem, dorthin zurückzukehren. Sie konnten sicher sein, dass kein Rotarmist auftauchen würde, um sie nach Sibirien zu schicken. Die deutsche Botschaft erkannte ihre deutsche Staatsbürgerschaft an und stellte ihnen Pässe aus. Viele bekamen jetzt auch eine Einwanderungserlaubnis nach Kanada. Bald standen in jedem Dorf Häuser leer. In der Siedlung fehlten Lehrer. Der Dorfschullehrer aus Steinfeld war nicht ausgewandert, aber mit seiner Familie ins attraktivere Zentrum nach Neu-Halbstadt gezogen. Die Steinfelder fragten mich, ob ich Interesse hätte, die Stelle zu übernehmen. Meine Mutter war sehr dafür. Dann könnte ich das ganze Jahr bei ihr sein. Auch auf mein Gehalt würde sich die Tätigkeit in meinem Heimatdorf positiv auswirken, da ich dann acht statt sechs Monate unterrichtete.

Inzwischen liefen die Anmeldungen für die nächsten Taufen. Ich wollte mich in der Mennoniten-Brüdergemeinde taufen lassen. Zum einen waren sie für die Untertauchungstaufe, die ich als die für mich richtige Form ansah, weil sie auch Jesus praktiziert hatte. Zum anderen wurde in dieser Gemeinde auf das persönliche Bekenntnis zu Jesus größerer Wert gelegt. Das Gebetshaus der Brüdergemeinde stand in Gnadental, in einem etwas abgelegenen Dorf, denn hier lebten die meisten Brüdergemeindler.

Nun stand das Tauffest unmittelbar bevor. Unser langer Treck – Freunde, Bekannte und Steinfelder Brüdergemeindler schlossen sich an – brach schon zwei Tage vorher am späten Nachmittag auf. Gnadental lag 35 km entfernt. Die Reise dauerte mehrere Stunden, denn wir konnten nicht in Pferdewagen-Geschwindigkeit fahren, weil einige von uns in Ochsenwagen unterwegs waren. Wir jungen Leute stiegen von den Wagen, gingen zu Fuß nebenher und sangen Evangeliumslieder. Die Reise dauerte die ganze Nacht. Wir kamen noch durch zwei Dörfer – Einlage und Neuheim.

Als unsere Kolonne in Gnadental ankam, ging gerade die

Sonne auf. Die Familien des Dorfes hießen uns willkommen und luden uns ein, das Gastrecht in ihren Häuschen zu genießen. Wo eben ein Plätzchen auf dem Fußboden frei war, breitete man seine Schlafstelle aus. Es war ein fröhliches Beisammensein. Wir hatten das Gefühl, uns schon unser ganzes Leben zu kennen.

Am Abend fand die erste Versammlung in der Kirche statt. Die Täuflinge legten ein Bekenntnis ab und berichteten von ihrer Bekehrung. Die Brüdergemeinde war ja mit dem Ziel entstanden, alles Starre und Formelhafte abzulegen. Nichts lag ihr ferner, als Menschen zu taufen, die diesen Schritt gingen, nur weil er einfach dazugehörte. Die Gemeinde wollte davon überzeugt werden, dass Jesus die Herrschaft im Leben des Menschen übernommen hatte.

Das Tauffest war am Sonntag. Der Chor sang, der Prediger hielt eine Ansprache, und dann gingen wir alle, ganz in Weiß gekleidet, im Gänsemarsch zum Taufbecken auf dem Hof. Einer nach dem anderen wurde aufgerufen, ins Becken zu steigen. Der Prediger ergriff mit der Linken die rechte Hand des Täuflings, legte die rechte Hand auf dessen Rücken und sagte: „Ich taufe dich auf den Namen des Vaters, des Sohnes und des Heiligen Geistes." Dann tauchte er den Täufling nach hinten kurz unter Wasser und hob den Oberkörper schnell wieder heraus. Der Chor sang, der Täufling verschwand hinter einer spanischen Wand, um sich abzutrocknen und umzuziehen, und schon war der Nächste dran.

Nach Abschluss der Zeremonie ging es in der Kirche weiter mit der formellen Aufnahme in die Gemeinde und dem ersten Abendmahl für die Getauften. Es war eine bewegende Feier. Zum Schluss sangen wir das Lied: „Auf ewig bei dem Herrn soll unsere Losung sein."

9 Der Spanischlehrer

Nach so einem berührenden Ereignis begann ich mit einem Gefühl der Kraft und der Freude mit dem neuen Unterricht in Steinfeld. Zuerst lud ich vor Schulbeginn die Eltern alle ein, um mit ihnen alles Wichtige zu besprechen. Denn ich hatte gehört, dass manche Schüler gegenüber dem Lehrer ziemlich frech gewesen waren. Den Eltern machte ich klar, dass ich keinen Radau in der Schule dulden würde. Sobald ihnen etwas nicht gefiel oder sie Klagen hätten, sollten sie zu mir nach Hause kommen, wo wir dann alles in Ruhe besprechen könnten.

Allerdings hatte ich nicht die Absicht, ein strammes Regiment zu führen und die Schüler durchfallen zu lassen, sofern ihre Leistungen und ihr Verhalten nicht den Erwartungen entsprachen. Im Gegenteil: Ich gab jede Menge Nachhilfe, und zwar abends. Motivieren konnte ich die Kinder am besten mit einem Angebot, das heute wahrscheinlich nicht mehr ziehen würde: „Wenn ihr eure Aufgaben gut macht, erzähle ich zum Schluss eine Geschichte", versprach ich. Das Fernsehen war zu der Zeit gerade erst erfunden und brauchte noch Jahrzehnte, um im Chaco Verbreitung zu finden. Radios hatten nur Einzelne und Bücher mit Kindergeschichten waren eine Seltenheit. So lauschten die Schüler begierig meinen Geschichten – Märchen, Fabeln, Selbsterdachtes und Selbsterlebtes „von früher".

Wenn sie danach den Schulhof verließen, erwartete sie der harte Alltag, sofern sie die Schule selbst nicht auch schon als harten Alltag empfanden. Sehr oft mussten sie noch auf dem Hof und im Garten helfen: Unkraut jäten, Pferde und Hühner, Katze und Hund füttern, Eier einsammeln, Kühe ins Gehege treiben, den Hof fegen. Auch als Erntehelfer mussten sie sich beweisen.

Vor unserer Schule in Steinfeld

Besten Anschauungsunterricht zum Thema „Pflanzen und Ernten" lieferte uns die Natur gleich im ersten Jahr. Während der Pause kamen die Kinder plötzlich in die Klasse gestürmt und erzählten ganz wild durcheinander, dass sie draußen etwas Seltsames gesehen hatten. Ich kam mit und sah eine tiefe dunkle Wolke im Westen, die sich schnell unserem Dorf näherte. Eine Regenfront wird über uns hinweggehen, dachten wir. Denn Regen war uns immer willkommen. In vielen Gebeten flehten wir Gott an, er möge uns das köstliche Nass vom Himmel schicken. Aber eigentlich wussten wir, dass die geheimnisvolle Wolke etwas Schlimmes bedeutete.

Schnell gingen wir ins Schulgebäude, schlossen die Tür und harrten der Dinge, die da kommen würden. Die Wolke war schnell über unserem Dorf. Doch die Regentropfen, die auf Haus, Hof und Straße prasselten, waren keine Regentropfen, sondern Heuschrecken! Erst einige wenige, dann wurden es immer mehr. Hunderte, Tausende, Millionen von Heuschrecken fielen vom Himmel. Als das Prasseln, Summen und Rauschen ein Ende hatte, öffneten wir die Tür. Die Grashüpfer schienen jeden Zentimeter Boden zu bedecken. Jeder Grashalm, jeder Baum, jedes Blatt musste unzählige Heuschrecken tragen. Still packten die Schüler ihre Taschen und gingen nach Hause. Bei jedem Schritt knirschte es unter ihren bloßen Füßen. Es war, als ob der Boden lebte. Immer schneller bewegten die Kinder ihre Beine, schließlich rannten sie, was sie konnten, nach Hause.

Alles war schon kahl – die Felder, an denen ich vorüberging, Bäume und Büsche, die Blumen, die Baumwollfelder. Ich bewegte mich durch eine Mondlandschaft. Nur Heuschrecken, so weit das Auge schaute. Genauso verheerend sah es auf dem Hof aus. Von meiner Mutter und von Peter keine Spur. Sie mussten wohl drinnen auf mich warten. Ängstlich öffnete ich die Tür. Sie saßen in der völlig abgedunkelten Stube und hatten die Fensterläden geschlossen. Verglaste Fenster und Fliegengitter waren damals Fremdwörter. Mama weinte, Peter war kurz davor. „All die viele Arbeit vergebens", sagte sie. – „Ich weiß", sagte ich, „die Invasion der Heuschrecken."

„Warum werden wir so hart geprüft?", fragte sie. – „Gott hat immer dafür gesorgt, dass wir genug zum Essen haben", versuchte ich sie zu trösten. Eine Stunde lang saßen wir und schwiegen. Dann standen wir auf, um irgendwie weiterzumachen.

Im Dorf herrschte eine schlechte Stimmung. Als der Schwarm sich näherte, hatten viele Bewohner Krach mit Kochtöpfen, Deckel und Tonnen gemacht, um das Ungeziefer zu verscheuchen, aber es hatte nichts genützt. 300 Meter breit und drei Kilometer lang soll die Heuschreckenwolke gewesen sein.

Am nächsten Tag kam eine zweite Wolke auf uns zu, aber diese enthielt wirklich Regen. Bäume, Sträucher, Büsche und die Ackerpflanzen trieben wieder aus, wurden schön grün, binnen kurzer Zeit war der alte Zustand wiederhergestellt. Doch die Plage fand damit noch kein Ende. Eines Tages beobachteten wir mit Schrecken, wie aus dem Boden plötzlich Tausende von Heuschrecken krochen. Die Millionen Heuschrecken, die uns vor ein paar Wochen heimgesucht hatten, hatten ihre Brut im Boden abgelegt, und jetzt waren die Larven geschlüpft. Sie sahen nicht viel anders aus als ihre Eltern, waren aber kleiner und hatten noch keine Flügel. Damit ihnen die Flügel und ein neuer Chitin-Panzer wuchsen, mussten sie viel Nahrung zu sich nehmen. Sie fraßen, fraßen, fraßen alles, was grün war.

Das Kolonieamt stellte uns Gift in Säcken zur Verfügung. Es sah aus wie Kleie, musste angefeuchtet und direkt auf die Tiere gestreut werden. Aber das Gift reichte nicht. Lange Gräben gruben wir und versuchten, die Tiere dort hineinzuscheuchen. Fielen sie in die Mulde, schütteten wir diese schnell zu. Aber es kamen immer mehr. Wir wussten nicht, wie wir der Lage Herr werden sollten. Unsere Kräfte schwanden langsam, und es schlichen sich seltsame Gedanken ein: „Gib doch auf, es hat doch keinen Sinn!"

Der Abend kam, die Nacht zog herauf, ein neuer Morgen kündigte sich an. Da waren sie wieder, diese Heuschrecken, vollgefressen und noch unansehnlicher. Nur die Hühner freuten sich. Sie pickten und pickten und wurden in diesen Tagen immer dicker. Das Gift schadete ihnen nicht, aber ihre Eier konnten wir in dieser Zeit nicht verwenden. Auch Hähnchenfleisch kam nirgendwo auf den Tisch, es hätte nach dem Gift geschmeckt.

Eines Tages, wie auf Kommando, erhoben sich die Heuschrecken in die Lüfte und verließen uns auf Nimmerwiedersehen. Sie hinterließen eine traurige, graue Landschaft. Nach dem nächsten Regen musste aufs Neue gepflügt und gepflanzt werden.

Wie konnten wir den wirtschaftlichen Schaden verkraften, den diese Plage angerichtet hatte? Das Geld verwaltete Mama.

Sie hatte die Gabe, alles so einzuteilen, dass es immer reichte. Und wenn wir dann, wie in diesem Jahr, keine Baumwolle und Erdnüsse verkaufen konnten, hatte sie immer ein paar Notgroschen in Reserve. Maniok und Süßkartoffeln hatten wir das ganze Jahr, die steckten in der Erde und waren gegen Heuschrecken geschützt.

Außerdem konnte ich ja auch ein Einkommen nachweisen. Acht Monate im Jahr unterrichtete ich, vier Monate hatte ich Urlaub. Auch in der Schulzeit konnte ich am Nachmittag noch viel auf dem Hof oder dem Feld helfen. Abends gab ich Nachhilfeunterricht, und danach bereitete ich mich bis spät in die Nacht für den nächsten Unterrichtstag vor.

Zudem wurde mir eine halbe Stelle als Verkäuferin während der Ferienzeit angeboten. Ein weiteres Angebot kam von der Gemeinde: Sie eröffnete mir die Möglichkeit, eine Fortbildung an der Bibelschule in Filadelfia (Zentrum der Nachbarsiedlung) zu absolvieren. Das Schulgeld und das Essensgeld würde die Kirche übernehmen, für die Wohnung müsste ich selbst aufkommen. Das war ein faszinierendes Angebot. Es gab mir die Chance, für eine kurze Zeit aus unserem abgelegenen Dorf wegzukommen und mich auf geistlichem Gebiet mit anderen christlichen jungen Leuten auszutauschen. Der einzige Haken war: Die Bibelschule lief parallel zur Schulzeit.

Die Entscheidung fiel mir nicht leicht. Ich konnte wählen zwischen Angeboten, die mehr Geld in die notorisch leere Haushaltskasse brachten, und solchen, die mich ideell förderten. Ich entschloss mich dann dazu, im Sommer im Laden der Siedlungs-Kooperative zu arbeiten und zusätzliches Geld zu verdienen. Dafür konnte ich dann im folgenden Jahr die Lehrerstelle sausen lassen, um an der Bibelschule mein geistliches Wissen zu vergrößern.

Die Bibelschule war ein Fortbildungsinstitut für Gemeindearbeiter. Für mich war das eine Jahr in Filadelfia nicht nur kurzfristig gesehen lehrreich, sondern auch für das weitere

Leben. Hier lernte ich Emilie Rennert kennen, die mir eine gute Freundin wurde. Sie war auch Lehrerin, entschied sich später aber dafür, ihr Leben in Deutschland fortzusetzen. Ich vermisste sie sehr. Die Lehrer kamen aus Nordamerika und beeindruckten uns durch ihre gute Bildung. Gerne hätte ich das Bibelstudium noch für ein weiteres Jahr fortgesetzt. Aber Wilhelm Löwen, der Leiter unserer Brüdergemeinde, sagte „Nee". Zum einem sei die Gemeinde nicht in der Lage, mich noch weiter finanziell zu unterstützen, zum anderen brauche die Kolonie Lehrer.

Jakob Reimer, Lehrer im Nachbardorf Altenau, wanderte mit seiner Familie nach Deutschland aus, und ich übernahm seine Stelle. Die Zahl der Schülerinnen und Schüler war wegen der hohen Auswanderungsquote gesunken. Besonders Steinfeld war von der Auswanderung betroffen. Deshalb musste die Schule dort aufgelöst werden. Die 5. und 6. Klasse hatte Unterricht im Nachbardorf Tiege, die jüngeren Schüler kamen zu mir nach Altenau.

Mein Bruder Peter spannte am Morgen das Pferd vor den Wagen und brachte mich bis zur vier Kilometer entfernten Schule in Altenau. Den Rückweg am Mittag legte ich zu Fuß zurück.

Für mich war auch dieses Jahr in Altenau schön, denn ich war gerne Lehrerin und liebte die Schülerinnen und Schüler. Auch für das nächste Jahr hatte ich mich schon anwerben lassen.

Der Lehrplan der Siedlungen wurde von der paraguayischen Regierung in keiner Weise vorgeschrieben oder gar überwacht. Die Siedlungen waren ohnehin in ihrer Selbstverwaltung autonom. So kam es, dass wir jetzt erst, nach ein paar Jahren, die Landessprache im Unterricht einführten, allerdings nur sehr oberflächlich. Für mich als Lehrerin bedeutete dies, erst einmal selbst Spanisch zu lernen.

Zum Glück wurden im Hause unserer Nachbarn Spanischkurse angeboten. Ein junges Ehepaar namens Neufeld aus

Fernheim war dort neu eingezogen, es hatte den Hof von Tante Lena gekauft, die nach Kanada ausgewandert war. Ich hörte, dass sich auch andere Steinfelder, die ebenfalls Spanisch lernen wollten, angemeldet hatten – nicht, weil sie Lehrer waren, sondern weil sie sich mit der Landesbevölkerung verständigen wollten. Wer in den Siedlungen blieb, kam mit Plattdeutsch und Hochdeutsch weiter, wer aber Angelegenheiten in der Hauptstadt zu regeln hatte, musste Spanisch sprechen.

Franz Martens hieß der junge Mann, der den Unterricht gab. Er stammte ebenfalls aus Fernheim und war mit meinem neuen Nachbarn Jakob Neufeld befreundet. Außerdem hatten sie ein gemeinsames Unternehmen, eine Schmiede und eine Sägerei.

Unsere Gruppe bestand aus lauter jungen Leuten, die lustig waren und viel lachten. Ich lernte nicht nur so viel Spanisch, wie für die Schule notwendig war, sondern fand darüber hinaus neue Freunde – von Franz Martens einmal abgesehen, der mehr werden sollte als nur mein Freund.

Das Schuljahr meiner Schüler in Altenau ging schnell herum. Am Abschlussabend, zu dem die Eltern eingeladen waren, spielten die Schüler ein Bühnenstück vor, sagten Gedichte auf und sangen ein paar Lieder. Dann bekamen sie ihre Zeugnisse, eine Tüte mit Gebäck und Süßigkeiten – und hurra, die Ferien waren da! Was machten sie nur in diesen drei freien Monaten? Sie besuchten eine Woche ihre Cousins und Cousinen im Nachbardorf. Sie halfen zu Hause bei der Aussaat und der Ernte. Ungeduldig warteten sie auf den ersten Regen, der den Dorftümpel füllte, um in der braunen Brühe die ersten Schwimmversuche des Jahres zu wagen. Sie gingen in den Wald, spielten dort Indianer, spürten die Wabennester wilder Bienen auf, zapften den süßen Honig ab, erlegten wilde Tauben mit ihren Gummischleudern und brieten sie am Spieß.

Die ersten Frühlingsregen ließen in diesem Jahr nicht lange auf sich warten. Die Felder wurden bestellt.

Wir bekamen Besuch aus einem fernen Land. Dr. John

Schmidt und seine Frau waren aus den USA gekommen, um als Ärzte eine mennonitische Leprastation in Ostparaguay aufzubauen. Sie suchten dringend eine Köchin für die Mitarbeiter auf der Station. Jemand hatte meine Mutter vorgeschlagen.

Es war ein Angebot, über das man nachdenken musste. John Schmidt schlug mir vor, die Station in Form eines freiwilligen christlichen Dienstes kennenzulernen. Dann könnte ich gut einschätzen, was auf meine Mutter zukäme, ob sie eher überfordert wäre oder ob sie die Aufgabe ihres Lebens darin finden könnte.

Der Freiwilligendienst wurde in drei unterschiedlichen Zeitpaketen angeboten: Wer für drei Monate kam, konnte gratis mit einem Flugzeug anreisen – eine Straße von Asunción in den Osten existierte noch nicht. Wer sechs Monate helfen wollte, bekam auch noch die Rückreise bezahlt. Wer länger blieb, erhielt ein geringes Entgelt. In allen drei Varianten waren das Essen und die Unterkunft frei.

Für mich kam der Drei-Monatsdienst in Frage, da ich nach den Sommerferien wieder in Altenau erwartet wurde, um in der Dorfschule zu unterrichten. Nachdem alle Pflüg- und Pflanzarbeiten abgeschlossen waren, trat ich meine weite Reise an. Ich fühlte mich wie alle jungen mennonitischen Leute, die sich für die Leprastation gemeldet hatten: Man wollte ein Glaubenszeugnis für Jesus abgeben, aber man freute sich auch, aus dem harten bäuerlichen Alltagstrott herauszukommen, in eine Gegend, die ganz anders war als der Chaco.

Mit dem Pferdewagen fuhr ich bis nach Filadelfia. Dort stieg ich in das Flugzeug, das mich nach Asunción brachte. Der erste Flug meines Lebens war auch der schlimmste: Der Nordwind schüttelte den Flieger tüchtig durch. Mir wurde speiübel, Brechreiz packte mich.

Nach zwei Stunden war die Qual überstanden. In Asunción wurden wir mit einem Auto abgeholt. Der zweite Teil meiner Reise war ein Genuss. Ostparaguay beeindruckte mich durch eine wunderschöne Landschaft, die damals, vor gut fünfzig Jahren, noch intakt war. Statt staubiger Straßen ging es jetzt über Asphalt, durch Täler und über Berge, über kleine Brücken, unter denen das Wasser rauschte, durch weite Palmenhaine, vorbei an Ochsenkarren, auf denen Paraguayer mit Strohhüten saßen. Schier nicht sattsehen konnte ich mich an dieser Landschaft. Der Chaco hat eine eher spröde Schönheit, aber die langen Trockenperioden, die Hitze und die Sandstürme stellten die Liebe zur Heimat doch auf eine harte Probe. Der Osten war eine ganz andere Welt, subtropisch zwar, aber nicht so heiß, und die ganze Natur leuchtete im schönsten Grün.

„Hospital km 81"

Genau 81 km hinter Asunción tauchte die Station vor unseren Augen auf, weshalb man auch häufig von „Km 81" sprach. Die Mennoniten Nordamerikas gaben das Geld, die Mennoniten Paraguays ihre Arbeitskraft. Zu tun war viel, gerade auch für die Freiwilligen. Dr. John Schmidt und sein medizinisches Team behandelten die Leprakranken, alle übrigen Mitarbeiter mussten sich um die anderen anfallenden Arbeiten kümmern.

Das „Hospital" bestand aus mehreren Gebäuden. Ein paar ältere Häuschen, aus Lehm gebaut und mit Schilf gedeckt, stammten noch aus der Zeit, als hier ein Armeestützpunkt existierte. Aus dem Brunnen in der Mitte schöpften wir mit Eimern das Wasser. Mit der Unterstützung von Freiwilligen wurde jetzt ein Haus nach dem anderen gebaut – zuerst das Ärztehaus, dann die Klinik, anschließend Wohnungen für Patienten und Personal. Später kamen noch hinzu: eine Tischlerei, ein Sägewerk, eine Schmiede, eine eigene Stromversorgung, ein Viehzuchtbetrieb, eine Baumschule, ein Obst- und Gemüsegarten, Bienenzucht und eine Schusterei. Gebraucht wurden Ärzte, Krankenschwestern, Köchinnen, Putzfrauen,

Laboranten, Wirtschafter, Waschfrauen, Mechaniker, Elektriker, Landwirte.

Die armen Menschen, welche die Station aufsuchten oder von Dr. Schmidt besucht wurden, weil sie sich selbst nicht mehr bewegen konnten, waren stark von der Krankheit gezeichnet. Bei der Krankheit sterben die Nerven ab und die Betroffenen verlieren das Gefühl für Kälte, Wärme und auch Schmerz. Ohne Behandlung verletzen sie sich oft unbemerkt und infizieren sich über die Wunden an lebensgefährlichen Krankheiten. In einem weiter fortgeschrittenen Stadium verändert die Krankheit auch die Haut, die Muskeln und die Knochen. Ende 1947 kam ein neues Antibiotikum auf den Markt, das sehr effizient war. Allerdings war eine langjährige Behandlung notwendig, um die Hansen-Krankheit, wie die Lepra nach dem Entdecker ihres Erregers auch genannt wurde, endgültig zu besiegen.

Das „Hospital km 81" leistete Pionierarbeit in der ambulanten Behandlung. Dafür gab es zwei Gründe: Zum einem die medizinische Entwicklung, die einen stationären Aufenthalt häufig nicht mehr nötig machte. Zum anderen die strikte Weigerung der Bewohner des schmucken Städtchens Itacurubí, in ihrer Nähe eine Kolonie von Leprakranken zu akzeptieren. Deshalb musste der Arzt also zu den Kranken und nicht umgekehrt, wobei in besonderen Fällen oder zur Erstbehandlung auch die Patienten selbst eine kurze Zeit auf der Station verbrachten.

Ich selbst kam mit den Leprakranken nicht in Berührung, denn ich war ja sozusagen Dienstleisterin für das Personal. Zunächst half ich in der Küche. Als Weihnachten näherrückte, wurde ich beauftragt, mit den Kindern ein Weihnachtsprogramm einzuüben. Nichts tat ich lieber als das.

Die Hitze erreichte hier keine Chaco-Ausmaße, plagte uns aber dennoch bisweilen, weil sie mit einer hohen Luftfeuchtigkeit einherging. Dafür regnete es häufig. Die kurzen und häufig auftretenden Schauer wuschen alles ab, was eben noch mit rotem Staub bedeckt war. Die rote Erde in Ostparaguay ist Legende. Sie setzt sich überall fest und ist nicht leicht wegzukriegen, weshalb die Reinigungsfrauen sehr gründlich putzen mussten. Kleidungsstücke mussten besonders sorgfältig gewaschen werden. Weiße Wäsche musste immer gekocht werden. Glücklicherweise regnete es oft.

In der Weihnachtswoche gab es viel zu tun, wie anderswo auch wurde gewaschen und geputzt, was das Zeug hielt, und der Duft von Weihnachtsgebäck lag in der Luft. Heilig Abend übte ich mit den Kindern vormittags alles durch, dann wurde ein Lebensbaum aufgestellt und mit Schmuck und Lametta behängt. Es war eine schöne Feier. In der Nacht gingen wir jungen Leute von Haus zu Haus, stellten uns vor das Fenster, hinter dem wir das Schlafzimmer vermuteten, und sangen ein Weihnachtslied. „Vorsingen" nannten wir diese schöne Tradition – zu Hause in Steinfeld waren wir durch das ganze Dorf gepilgert. Es war also wie zu Hause, und doch nicht so. Mama und Peter fehlten mir sehr, waren wir Weihnachten doch noch nie getrennt gewesen.

Nach den Feiertagen riefen mich Dr. Schmidt und seine Frau zu sich ins Büro. Sie wollten nun endlich wissen, ob Mama die Stelle als Köchin übernehmen würde. Die Arbeit sei für meine Mutter zu schwer, sagte ich. Natürlich hatte ich mich brieflich mit Mama abgesprochen. Sie verließ sich auf mein Urteil und erwartete mich zum Schulanfang zurück.

„Agnes, was hältst du davon, wenn du ein Jahr hier unterrichtest?", fragte Dr. Schmidt. Ich machte sicher ein überraschtes Gesicht. „Weißt du, das Weihnachtsprogramm hat allen gefallen. Jetzt sind die Eltern sich einig: Sie wollen dich als Lehrerin haben. Und wir sollen dich in ihrem Namen bitten."

Schmidts selber hatten auch vier Schulkinder. Aber ich hatte für das kommende Jahr doch schon in Altenau zugesagt. Ein richtiges Gehalt würde ich hier im „Km 81" nicht erhalten,

Mit den Schülern vom „Hospital km 81"

sondern nur 500 Guarani Taschengeld. „Überlege es dir", bat John Schmidt. „Wenn du ein schlechtes Gefühl hast, die Stelle in Altenau abzusagen, können wir die Angelegenheit gerne für dich regeln."

Ich konnte weder Ja noch Nein sagen. Das Nein brachte ich nicht über meine Lippen, weil die Arbeit mir großen Spaß machte und das Betriebsklima auf der Station ausgesprochen gut war. Zusagen konnte ich nicht, weil ich mich mit Mama absprechen musste. Mama aber willigte ein. Das Geld, das ich ihr schicken würde, würde für Mehl, Zucker und Öl reichen. Wir sahen meine Arbeit auch als eine Gelegenheit, etwas für die Mission zu tun.

Ich sagte dann für ein Jahr zu. Mit der Schule konnte ich gleich im Januar loslegen statt im März. Dafür stand mir dann die Möglichkeit offen, nach dem Schuljahr früher nach Hause zu fahren. Das Monatsgehalt von 500 Guarani ließ ich gleich automatisch an meine Mutter überweisen, damit ich erst gar nicht in die Versuchung kam, das Geld auszugeben. Wir fuhren oft in die kleinen Städtchen Obrero und Itacurubí, wo es mehr Gelegenheiten gab einzukaufen. Die Auswahl an Kleidern, Schuhen und Taschen war größer als bei uns in den Siedlungen. Meine Kolleginnen hatten natürlich die Möglichkeit, ihr Geld auszugeben. Dennoch beneidete ich sie nicht wegen ihrer schönen Kleidung.

Den größten Spaß machte mir das Unterrichten. Die Kinder stammten aus gebildeten Familien und waren alle begabt. Was auch immer ich mir einfielen ließ, sie zogen ohne zu zögern mit.

Wir unternahmen auch viele Ausflüge. Besonders ein Berg hatte es uns angetan. Er hatte die Form eines gewaltigen Grabhügels. Meine Schüler und ich stellten uns vor, welche Grabbeigaben in seinem Inneren verborgen sein könnten. Aber Paraguay war nicht Ägypten. Die Guarani-Indianer, die vor der Kolonialzeit dieses Gebiet beherrscht hatten, hatten sich nicht durch herausragende Bestattungsrituale oder besondere Baukunst hervorgetan.

Bei unseren Ausflügen kamen wir ganz schön ins Schwitzen, bis wir einen Gipfel erreicht hatten. In dieser Region gibt es eine Reihe solcher Berge, die sich urplötzlich aus dem flachen Land erheben. Die Geologen werden die richtigen Erklärungen für die auffälligen Hügelerscheinungen haben. Der Name für unsere Lieblingserhebung war schon vergeben. Die Bewohner der Leprastation hatten sich schon längst für die Bezeichnung „Osterberg" entschieden.

An jedem Ostersonntag standen die jugendlichen Mitarbeiter noch zu nachtschlafender Zeit auf und pilgerten auf den Berg hinauf. Wenn dann die Sonne aufging, entfaltete sich ein unglaubliches Farbenspiel, das wir mit einem 360-Grad-Rundblick genießen konnten. Wenn wir dazu noch geistliche Osterlieder sangen, wie etwa „Jesus lebt" oder „Auferstanden",

„Die zehn Jungfrauen" – Aufführung eines Stückes zum Gleichnis Jesu auf der Leprastation „Hospital km 81"

Erntedankfest mit den Schülern vom „Hospital km 81"

dann war das gemeinschaftliche Glücksgefühl nicht mehr zu überbieten.

Eine beliebte Wanderstrecke war der Pfad zum Städtchen Itacurubí. Hier hatte ich ein paar idyllische Plätze entdeckt, die ich gerne ansteuerte. Zum Beispiel die Brücke, die über einen kleinen Bach führte. Oder die kühle Felsenhöhle, die von großen, Schatten spendenden Bäumen und hohem Farngras umgeben war. Für uns Chaqueños oder Chacoleute, die aus einer Gegend kamen, wo es weder Bäche noch Flüsse gab und in der saftiges Grün allenfalls nach einem großen Regen spross, waren diese Erlebnisse in der ostparaguayischen Natur unvergesslich.

Die Leprastation verfügte auch über Pferde. Die Tiere waren nicht angeschafft worden, um dem Doktor oder den Krankenschwestern oder gar den Hilfsmitarbeitern entspannende Ausritte zu ermöglichen. Sie wurden in der täglichen Arbeit eingesetzt, mussten den Wagen und den Pflug ziehen oder einen Arbeiter tragen, wenn er im Nachbarort eine Angelegenheit zu erledigen hatte. Aber wenn die Pferde nicht gebraucht wurden, was meistens am Wochenende der Fall war, dann legten wir die Sättel darauf oder einfach nur eine Satteldecke und erkundeten reitend die herrliche Umgebung.

Villa Rosa

Die zwei Ferienwochen nutzten meine Freundin Hilde Polnau, die im Büro arbeitete, und ich zu einer gründlichen Renovierung unserer Bude. In den zwei Zimmern, die uns zur Verfügung standen, wohnten insgesamt fünf Frauen. An der Wand eines Zimmers hatten wir ein abgedichtetes Loch entdeckt, das früher einmal als Schornstein für einen Herd gedient hatte. Hilde hatte die glänzende Idee, mit dem Bau eines Kamins diesem Loch seinen ursprünglichen Sinn zurückzugeben, wenigstens teilweise.

Einige Männer vom Dienstpersonal waren gerade dabei, Ziegel für einen Bau herzustellen. Wir baten sie um das Rohmaterial. Sie lieferten die Ziegel und den Lehm auch prompt vor unserem Zimmer ab. Als Maurer mussten wir uns selbst betätigen. Aber Hilde und ich konnten beide von unseren Chaco-Erfahrungen im Hausbau profitieren, da machte uns so leicht keiner etwas vor. Zuerst zogen wir den Kamin hoch, dann verlegten wir den Schornstein. Anschließend verputzten wir die Flächen.

Damit hatten wir aber die Renovierungsaktion noch nicht abgeschlossen. Die Wände und natürlich der Kamin brauchten einen Anstrich, der auch dem Auge gut tat. Also besorgten wir uns Kalk und weißten die beiden Zimmer. Hilde mit ihrer künstlerischen Ader malte Blumen auf einen Karton, schnitt diese aus und kam auf diese Weise zu Schablonen, die eine gute Vorlage für Ornamente abgaben. So schmückten wir unser Zimmer mit einer farbigen Wandtapete. Aus einer umfangreichen Farbpalette konnten wir nicht auswählen, eigentlich konnten wir nur nehmen, was da war – eine rosabraune Farbe. Also tauften wir unsere Behausung in „Villa Rosa" um. Im Winter mussten wir jetzt nicht frieren, wir machten uns im Kamin ein kleines Feuerchen und hatten es gemütlich und warm.

Die jungen Frauen, die in den anderen Häuschen wohnten, beneideten uns um unseren Komfort und beklagten sich bei Frau Schmidt über ihre Benachteiligung. Sie bekamen eine passende Antwort: „Ich gebe euch gerne ein paar Tage frei, damit ihr euch eure Wohnungen herrichten könnt." Aber darauf hatten sie keine Lust, war es doch jetzt auch empfindlich kalt geworden. Die Berührung ihrer zarten Hände mit dem kalten Lehm war eine Vorstellung, die sie scheuten.

Diese kleinen Empfindlichkeiten konnten dem freundlichen Arbeitsklima aber nichts anhaben. Für die jungen Freiwilligen aus dem Chaco war der Dienst eine angenehme Abwechslung zu den rauen Bedingungen im Chaco. Wo hatte man sonst die Möglichkeit, junge Menschen im gleichen Alter so gut kennenzulernen? Die Altersgenossen aus der Siedlung kannte man von Kindesbeinen an. Jetzt tat es gut, auch einmal neue Gesichter zu sehen. Manch einer fand auf der Leprastation seine große Liebe.

Auch ich fand meine große Liebe während dieser Zeit, aber auf eine besondere Art und Weise, die für heutige Verhältnisse vielleicht fremd sein mag. Eines Tages war unter den Briefen aus Steinfeld auch ein Schreiben von Franz Martens, meinem Spanischlehrer. Mein Herz schlug rasend schnell, als ich den Umschlag öffnete, denn ich ahnte bereits etwas. Schon beim Spanischunterricht war mir aufgefallen, dass in seinen Augen nicht nur das bloße Lehrerinteresse aufblitzte. Und in der Tat: Das Schreiben war ein Heiratsantrag.

So konnte sich Liebe vor fünfzig Jahren bei den Mennoniten im Chaco abspielen: Man lernte einen Menschen kennen, ver-

Franz mit einem Freund

liebte sich in ihn, kam zu der Überzeugung, dass es der Partner fürs Leben sein könnte – und stellte einen Heiratsantrag. Heute sind die Rituale ganz andere.

Ich gebe zu: Bei mir und Franz war es auch für Chaco-Verhältnisse nicht wie im Normalfall. Einen Brief zu schreiben und darin direkt den Heiratsantrag zu machen, ging doch ziemlich schnell. Auf die Idee, ihm gleich per Brief mein Ja-Wort zu geben, kam ich indes nicht. Ich mochte Franz sehr, war mir meiner Gefühle aber nicht ganz sicher und erbat Bedenkzeit, bis ich meine Zeit im „Hospital km 81" abgeschlossen hatte. Ich wollte die Gewissheit haben, dass er der für mich bestimmte Mann war. Zudem hatte ich eine alleinstehende Mutter und einen behinderten Bruder, die ich nicht so einfach verlassen würde. Franz musste wissen, dass er nicht nur mich heiratete.

Den Spanischunterricht hatte ich auch ohne Franz nicht vernachlässigt. Auf der Leprastation arbeitete ein Herr Öhring, der uns Spanischstunden erteilte. Von seiner Frau lebte er schon seit Jahren getrennt. Zunächst hatte er bei der landwirtschaftlichen Versuchsstation im Chaco gearbeitet, jetzt stellte er hier seine Arbeitskraft zur Verfügung. Meistens machte er sich draußen nützlich. Er war der Erste beim Frühstück und der Erste bei der Arbeit. Ich schätzte ihn auf über siebzig Jahre. Seine Haut war wie gegerbtes Leder, kein Gramm Fett beschwerte seinen Körper. Er hatte viel Humor und verfügte über einen großen Anekdotenschatz. Jeder mochte ihn. Aber ich glaube, er war auch sehr einsam, weil er keine Angehörigen hatte.

Dann war meine Zeit auf der Leprastation abgelaufen. Mit den Schülerinnen und Schülern übte ich schon das Abschlussprogramm ein. Auf mein Zuhause freute ich mich sehr, weniger aber auf die Reise. Denn an den ersten Flug meines Lebens dachte ich nur mit Grausen zurück. Dr. Schmidt nahm mir einen Teil der Furcht, indem er mir Reisetabletten verschrieb. Und in der Tat, ich überstand den Flug, ohne zu würgen. So konnte ich die Reise über den Wolken sogar genießen.

An der Landepiste in Filadelfia erwartete mich unser Nachbar Jakob Neufeld, der mich mit seinem Buggy nach Hause brachte. Die gut genährten, kräftigen Pferde fielen gleich in einen gemütlichen Trab. Es hatte etwas geregnet, sodass das staubige Grau unter dem saftigen Grün verschwand. Außerdem war es kühl. Der Chaco begrüßte mich auf eine angenehme Weise.

Leider war der Weg voller Schlaglöcher, und man musste sich gut festhalten, um nicht vom Wagen zu fallen. Aber Kutscher Jakob hatte die Zügel fest in der Hand. An einem Wasserloch hielten wir an, um die Pferde zu tränken. Anschließend servierte Jakob den Tieren auf der Ladefläche im hinteren Teil des Wagens mehrere Rispen Kafir. Auch wir genehmigten uns ein Mittagessen. Jakobs Frau Susi und meine Mutter hatten gutes Essen eingepackt, es schmeckte uns vorzüglich.

Danach ging es wieder weiter. Trotz der langen Reisezeit von vielen Stunden kam keine Langeweile auf, denn es gab viel zu erzählen. Jakob teilte mir nicht nur positive Nachrichten mit. Die Auswanderungswelle der Neuländer nahm immer schlimmere Züge an. Einer der Gründe war die Ameisenplage. Gegen diese Tiere war kein Kraut gewachsen und noch kein effektives Gift entwickelt worden. Besonders schlimm wüteten die Tiere in Steinfeld. Das Dorf würde in einigen Jahren nur noch ein Geisterdorf sein, weil es von allen Menschen verlassen wurde. Aber noch wohnte meine Mutter da.

Sie und Peter waren schon den ganzen Abend bei Susi Neufeld, um mit ihr zusammen auf Jakob und mich zu warten. Mangels anderer Ereignisse gestaltete sich das Warten zu einem spannenden Zeitvertreib. Die Sonne war längst am Horizont verschwunden, die Dorfbewohner genossen schon den Feierabend, jeder Arbeitslärm, sofern man ihn noch als Lärm bezeichnen wollte, hatte aufgehört. Die einzigen Laute produzierten die Tiere im Gatter, die Wildtiere im nahen Busch und vereinzelt Menschen, die auf der Straße vorbeigingen.

Die Geräusche, die ein Pferdewagen von sich gab, waren unter diesen Bedingungen von sehr weit zu hören. Das Mahlen der Räder, die Reibung auf dem Lehmboden oder das Hineinfallen in ein Schlagloch hallte über mehrere Kilometer hinweg. Mama, Peter und Susi schwelgten in alten Erinnerungen, hielten in ihren schon oft wiederholten Geschichten immer wieder inne und spitzten die Ohren, um das Nähern eines Gefährtes so früh wie möglich zu erkennen. Und dann war es soweit: Die Tiere im nahen Busch verstummten für eine Weile. Ein entferntes Rumpeln war zu hören. Das waren sie! Gastgeber und Gäste erhoben sich von ihren Stühlen und eilten ans Tor, um uns zu empfangen.

Über ein Jahr hatte ich meine Mutter nicht mehr gesehen, eine ewig lange Zeit angesichts der Tatsache, dass wir bis dahin fast jeden Tag meines Lebens gemeinsam verbracht hatten, und zwar eines Lebens, das voller lebensbedrohlicher Ereignisse gewesen war.

Mama ergriff entschlossen meinen Koffer und Peters Hand, verabschiedete sich von Susi und Jakob und verschwand auf den hundert Meter langen „Nachbarsweg" nach Hause. Keine Minute wollte sie meine Schilderungen mit ihren Nachbarn teilen – zumindest nicht heute Abend. Nur wenige Stunden Schlaf waren mir in dieser Nacht vergönnt, so vieles war zu erzählen und zu fragen.

Mama berichtete auch von einer Errungenschaft des Dorfes: Steinfeld hatte eine neue Schule gebaut, oder soll ich sagen, ein Gotteshaus, denn schließlich waren diese Dorfgemeinschaftshäuser immer beides: Schule und Gotteshaus. Aber in diesem Fall hatten die Bürger wohl eher an den Andachtsraum gedacht, denn Schüler waren kaum welche da, so sehr hatte die Auswanderungswelle Steinfeld getroffen. Doch der im neuen Kalk weiß leuchtende Lehmbau mit seinen hellgrünen Läden und seinem dekorativen Bretterzaun in den gleichen Farben sah sehr einladend aus. Das Haus hatte ein hohes Fundament, zu beiden Seiten führten Stufen hinauf. Der Dorfrat ließ die Zeit nicht unnütz verstreichen und fragte mich gleich am nächsten Tag, ob ich in diesem Schmuckstück unterrichten wolle.

Natürlich wollte ich gerne, aber wo waren die Schüler? Was nutzte eine Lehrerin in einer neuen Schule, wenn die Kinder fehlten? Umgehend wurde ich aufgeklärt: Die Kinder des Nachbardorfes Altenau sollten nach Steinfeld kommen. Vor meinem Weggang hatte ich ja in Altenau unterrichtet. Wie schön, dass ich jetzt nur ein paar Meter bis zu meinem Arbeitsplatz hatte!

Aber noch wollte ich nicht an Schule denken, denn schließlich hatte ich Ferien und konnte zu Hause anpacken. Es gab viel zu tun. Wir wollten das Haus von innen und außen neu streichen. Auch die Lehmfußböden waren zu reparieren. Diese Arbeiten mussten erledigt werden, bevor der erste Frühjahrsregen eintraf. Wenn die herbeigebeteten Niederschläge endlich fielen, pflügten, säten und ernteten wir, wobei zwischen diesen drei Tätigkeiten sehr viele Einzelschritte lagen.

Der Arbeitstag begann am frühen Morgen und reichte bis in den späten Abend hinein. Dazwischen, in der schlimmsten Glut der Siesta, lag eine mehrstündige Mittagspause, in der die Pferde sich ausruhen konnten. Wir jedoch nicht. Denn die Dorfnähmaschine war jetzt bei uns, was bedeutete, dass wir die Gelegenheit nutzen mussten, um die Bekleidung für uns herzustellen. Die alte „Singer" mit Fußbetrieb – markant war das gusseiserne Gestell mit dem fünf Zentimeter hohen und etwa 30 cm breiten Markenschriftzug – funktionierte noch einwandfrei und stellte einen großen Fortschritt dar, denn zuvor hatten wir alles mit der Hand und Nadel und Zwirn genäht.

Bei der Herstellung von Kleidern, Hosen, Blusen und Hemden gingen wir nach einer ausgetüftelten Methode vor: Aus alten Kleidungsstücken, die aussortiert waren, wurden die Stoffteile herausgetrennt, gebügelt, auf alte Zeitungsseiten gelegt und die Umrisse mit einem Bleistift nachgezeichnet. Auf diese Weise kamen wir an unsere Schnittmuster, die später von den variationsreichen Burda-Schnittmustern abgelöst wurden. Aber zunächst schneiderten wir unsere Kleider sehr schablonenhaft. Bis ins Detail glichen sie den Vorgängern, allenfalls im Farbmuster unterschieden sie sich.

In allen Dingen mussten wir mit unseren Mitteln sparsam umgehen. Selbst das Papier für die Schnittmuster war Mangelware. Die „Mennonitische Rundschau", eine deutschsprachige Monatszeitung aus Kanada, musste für vielerlei Dinge herhalten. Am begehrtesten war sie als Lesestoff. Mit großem Interesse lasen wir, was die mennonitischen Schwestern und Brüder in Kanada und in der ganzen Welt machten. Großen Spaß hatten wir, wenn wir darin Geschichten über unsere Siedlung entdeckten. Die interessantesten Artikel kamen zu unserer Zeitungsausschnittsammlung, die weniger spannenden Seiten dienten als Material für die Schnittmuster. Auch der Rest fand Verwendung. Zu Postkartengröße geschnitten, kam das assortierte Papier in die Plumpsklos, wo es als Toilettenpapier diente. Wegen der Härte des Papiers bevorzugten viele aber die weichen Blätter eines Malvenstrauches.

Drei Wochen blieb die „Singer" auf unserem Hof, dann gaben wir sie weiter an die Nachbarn. Bis dahin nutzten wir jede freie Stunde, um unsere Kleider zu schneidern.

Die Verabredung

Inmitten dieser Geschäftigkeit, diesem anstrengenden Leben, das nur wenige Verschnaufpausen zuließ, obwohl es doch so viel langsamer war als heute, in diesem Existenzkampf beschäftigte ich mich mit den Gedanken an den Brief von Franz Martens. Viele Wochen waren vergangen, seit ich ihn bekommen hatte. Keine Sekunde wäre ich auf die Idee gekommen, dass der Verfasser sich möglicherweise eines anderen besonnen hätte. Aber er kreuzte nicht bei mir auf. Dafür gab es allerdings eine einleuchtende Erklärung.

Franz „tschumakte". Der Begriff kommt aus dem Russischen und bedeutet soviel wie auf einer Handelsreise unterwegs sein. Einige junge Männer verdienten sich ein lukratives Zubrot, indem sie Pferdewagen oder in seltenen Fällen Lkws mit verschiedenen Artikeln beluden, von Lebensmitteln bis zu Textilien, und mit diesem Treck gen Süden bis an den Pilcomayo-Fluss fuhren, wo sie die entlegenen Estancias mit ihren Waren belieferten. „In den Süden" fahren wurde zu einem Schlagwort. Einer ähnlichen Tätigkeit ging übrigens auch der Mann nach, der in dem Film „Der mit dem Wolf tanzt" Lieutenant John Dunbar bis zu seinem einsamen Außenposten brachte und auf der Rückfahrt von Indianern grausam ermordet wurde.

*Heute nur noch ein Transportmittel in Ostparaguay –
der Ochsenkarren*

So gefährlich waren die Verkaufsfahrten im Chaco nicht, aber passieren konnte auf diesen einsamen Reisen auch eine Menge – vom zerbrochenen Rad bis zur Erkrankung eines Pferdes oder – noch schlimmer – des Fahrers.

Franz beteiligte sich gerne an solchen Unternehmungen, die gutes Geld und ein wenig Abenteuer versprachen. Als ich ihn kennenlernte, war er einunddreißig, in einem Alter also, in dem ein rechtschaffener Mennonit schon eine Familie gegründet hatte. Er war ein Mensch, der gerne mit Neuem experimentierte, und der Chaco bot in jener Zeit jede Menge Spannendes für Experimentierfreudige. Und da er beruflich noch jede Menge ausprobieren wollte, stellte er die Gründung einer Familie erst einmal zurück. In ihm regte sich Unternehmergeist, der sich entfalten wollte.

Geerbt hatte er dieses Gen bestimmt von seinem Vater, der ebenfalls Franz hieß und in Russland stolzer Besitzer einer Mühle gewesen war. Sein ganzes Leben lang mit Ochsen zu arbeiten für wenig Geld, das schien nicht ganz im Sinne des Alten zu sein. Deshalb schmiedete er, gerade erst im Chaco angekommen, schon wieder Auswanderungspläne. Das Deutsche Reich sollte es sein. Bis Asunción kam Franz Martens senior – und nicht weiter. Für den mühsamen Dokumentenkrieg hatte er keine Nerven, und so kehrte er in den Chaco zurück. Hier ergab er sich seinem Schicksal, vielleicht resignierte er auch. In seinem Dorf Auhagen war er dann der Bauer, der am längsten mit Ochsen arbeitete. Alle anderen Landwirte waren schon längst auf die weniger kräftigen, dafür aber schnelleren und wesentlich pflegeleichteren Pferde umgestiegen. Aber der alte Martens blieb stur bei seinen Ochsen.

Dem Junior hatte er den Besuch der Zentralschule erlaubt, was schon den Hauch von Luxus hatte. Diese Schule schloss sich an die sechsjährige Volksschule an. Da sich nach dem Besuch der Zentralschule keine lohnende Perspektive auftat, es sei denn der Weg in die Landwirtschaft, versuchte Franz junior sich in einer

Reihe von Tätigkeiten, die, wenn auch nicht von großartigen Erfolgen gekrönt, so doch das Eigenkapital mehrten. So nahm er zum Beispiel Vaters Ochsen und verdingte sich als Wasser-Transporteur. Die Landvermesser der Kolonie Fernheim schlugen ihre Schneisen im fernen Busch, fernab jeder Wasserquelle. Ihnen brachte Franz das lebensnotwendige Wasser.

Ein nächstes, schon anspruchsvolleres Unternehmen war der Aufbau einer Schmiede mit seinem Freund Jakob Neufeld. Jeder wollte einen Wagen haben, und die Wagenhersteller arbeiteten unter Hochdruck. Franz und sein Freund spezialisierten sich auf das Herstellen und Aufziehen des Eisenbandes auf die Wagenräder. Als die „Flüchtlinge" des Zweiten Weltkrieges in den Chaco kamen, waren sie es, die Wagen brauchten. Franz und Jakob zogen mit ihrer Schmiede um in das Dorf Steinfeld, in dem ein Bekannter wohnte; Peter Fröse, der Bruder seines Schwagers Gerhard Fröse, führte dort einen Laden.

Als der Wagen-Boom nach einiger Zeit nachließ, stieg Franz Martens bei Peter Fröse ein und lernte von ihm das Führen eines Ladens. Hier eignete er sich das kaufmännische Wissen an, das ihm später nützlich war, als er zunächst mit dem cleveren Geschäftsmann Peter Siemens und danach alleine ein Geschäft führte. Für mich war die Übersiedlung von Franz Martens nach Steinfeld ein Glücksfall: Hier wurde er mein Spanischlehrer, hier lernte ich ihn kennen und lieben.

Er war groß, schlank und breitschultrig, und wenn er sich mit Leuten unterhielt, die er mochte, spielte um seine Mundwinkel stets ein Lächeln. Dann kam die Sache mit dem Brief und Franz' Fahrt in den Süden.

Eines Tages hörte ich die frohe Botschaft: Franz ist aus dem Süden zurück. Ich wusste, dass er am Abend bestimmt vorbeikommen würde, und wartete schon ungeduldig.

Und dann war er endlich da. Er musste sich bücken, als er ins Haus trat. Dieses Haus war wahrlich nicht für große Männer geschaffen.

Wir waren beide befangen, und die Unterhaltung wollte nicht in Gang kommen. Ich dachte: „Jetzt komm doch endlich mit der Frage heraus." Später gestand er mir, er habe große Angst gehabt, ich würde vielleicht doch noch Nein sagen.

Im flackernden Licht der Laterne bewegten sich unsere Schatten unruhig auf der Wand. Der Tag war sehr warm gewesen. Die Hitze staute sich noch zwischen den Wänden. Allmählich bildeten sich bei uns Schweißtropfen auf der Stirn und auf den Armen. Aber nicht die Zimmertemperatur alleine war für die Schweißtropfen verantwortlich, sondern auch die äußerst träge dahinplätschernde Konversation. Eine Frau ergriff damals in solchen Dingen noch nicht die Initiative. Und selbst wenn: Ging es um Liebesdinge, war ich der schüchternste Mensch der Welt.

Als die Uhr auf zehn zeigte und somit der Zeitpunkt da war, um ein Rendezvous zu beenden, standen wir beide auf. Ich wollte zu meiner Freundin Lydia, deren Mann verreist war. Sie fürchtete sich alleine und hatte mich daher gebeten, bei ihr zu übernachten. Franz sagte, er werde mich bis zu Lydia begleiten.

Sobald wir die Enge des Hauses verlassen hatten, löste sich die Verspanntheit. Beim abendlichen Gang auf der Steinfelder Straße entwickelte sich zwischen uns ein heiteres Gespräch. An der kleinen Pforte zu Lydias Haus gestand mir Franz zum zweiten Mal seine Liebe und machte mir einen Heiratsantrag.

Ich antwortete mit: „Ja, aber …" Das „Aber" enthielt Bedingungen, die er erfüllen musste, wenn er eine Zukunft mit mir aufbauen wollte: Mama und Peter durften nicht alleine gelassen werden. Franz antwortete: „Liebe Agnes, ich tue alles, was du willst, Hauptsache, du sagst Ja." Und dann sagte ich auch Ja ohne Aber und bekam den ersten Kuss. Ich wusste, dass ich ihn liebte und dass wir gemeinsam glücklich werden würden.

Heute bin ich schon dreizehn Jahre Witwe und weiß immer noch mit großer Gewissheit: Franz war der richtige Mann

Mit meiner Freundin Lydia

für mich. Wir hatten eine glückliche Ehe und ein glückliches Familienleben.

Mit dem Heiraten warteten wir aber noch ein Jahr. Erstens wollte ich noch ein Jahr Lehrerin sein und mir eine Aussteuer verdienen – ich hatte bis jetzt mein Geld brav bei Mama abgeliefert. Und zweitens hatte ich es ja auch versprochen und freute mich darauf, in der Schule zu unterrichten. Auf die Idee, zu heiraten und als verheiratete Frau einer beruflichen Tätigkeit nachzugehen, wäre ich nicht gekommen. Die Aufgabe einer Ehefrau damals war, einen Haushalt zu führen und Kinder zu kriegen. Aber ich war auch froh, dass ich Gründe dafür hatte, ein Jahr als unverheiratete junge Frau anzuhängen, denn so konnte das kleine Pflänzchen Liebe ohne Druck gedeihen.

Eine „Wirtschaft" hatte Franz schon gekauft. Dazu gehörten ein schönes Haus mit drei Zimmern und großen Fenstern, ein

Häuschen mit Küche und Speisekammer, ein großer Hof, eine Scheune, ein Gatter für die Rinder, ein Brunnen, ein Garten mit Pampelmusen-, Apfelsinen-, Mandarinen- und Guayababäumen und natürlich ein gutes Stück Ackerland.

Bevor ich dort einziehen würde, wollte ich noch viele Sachen erledigen. Zunächst einmal war immer noch Frühjahr und damit Pflanzzeit. Schon beim ersten kleinen Regen hatten wir gesät. Die Saat ging gut auf. Einige größere Regengüsse folgten. Die Pflanzen, die genügend Wasser hatten, schlugen den Ameisen ein Schnippchen und schossen wie wild in die Höhe. Wenn sie eine bestimmte Größe erreicht hatten, konnten die Ameisen nichts mehr ausrichten.

Es kündigte sich eine gute Ernte an. Schon zu Weihnachten aßen wir von unseren eigenen Wassermelonen. Im Februar ernteten wir die Erdnüsse, im März begann der Unterricht, und in den Winterferien, also im europäischen Sommer, feierten wir Verlobung in unserem kleinen Häuschen. Eingeladen waren Verwandte, Nachbarn und die besten Freunde. Ich lernte die Familie meines Mannes kennen. Franz, sein Vater, war Witwer. Maria, seine ältere Schwester, war mit Gerhard Fröse verheiratet. Sie hatten acht Kinder. Zur Hochzeit kam nur das jüngste Kind mit.

Beinahe wäre das schöne Fest allerdings ins Wasser gefallen. Franz war nämlich wieder gen „Süden" gefahren, zusammen mit einem Freund in einem schrottreifen Laster Ford Cuatro. Er hatte versprochen, rechtzeitig zu Hause zu sein. Rechtzeitig bedeutete für mich: Mindestens eine Woche vorher. Die Zeit rückte immer näher, aber wer nicht kam, war Franz. Die Einladungen waren verschickt und das meiste schon vorbereitet. Ein Schwein war geschlachtet worden, die Speisekammer hing voll mit den leckersten Speisen – Rippspeer vom Schwein, Räucherwurst, Leberwurst und vieles mehr.

In allen meinen Überlegungen, in allem Suchen nach möglichen Gründen für sein Fernbleiben kristallisierte sich das eine, nachvollziehbare Motiv für sein Fernbleiben heraus: Ihm musste etwas zugestoßen sein. Der alte Lkw könnte zu Bruch gegangen sein. Der Wagen stammte aus dem Chacokrieg, der Anfang der 1930er-Jahre zwischen Bolivien und Paraguay ausgetragen worden war. Nach dem Friedensschluss hatte sich das Militär aus dem Busch zurückgezogen und viel Munition und Waffen, aber auch unzählige, nicht mehr fahrtüchtige Autos zurückgelassen. Für die Siedler waren die Fahrzeuge, die angeblich nur noch Altmetallwert besaßen, eine Herausforderung. Sie schlachteten die schrottreifsten Autos aus und benutzten die Teile, um die anderen Fahrzeuge damit zu reparieren. Auf diese Weise tuckerten durch die Siedlungen bald viele alte Kriegsautos. Leider waren sie sehr reparaturanfällig.

Aber es gab noch viele weitere mögliche Gründe für Franz' Ausbleiben: Der Wagen konnte in einer sumpfigen Stelle liegengeblieben sein. Oder sie konnten von Wegelagerern und Strauchdieben – von dieser Sorte Mensch gab es genügend im Chaco – überfallen und getötet worden sein. Aber vielleicht waren sie auch von einer Herde schnaubender Wildschweine angegriffen worden. Oder von den Ayoreo, einem bis dahin fast unbekannten Indianerstamm, der erst neun Jahre zuvor zum ersten Mal in Erscheinung getreten war, als eine kriegerische Gruppe eine abgelegene Farm überfallen und den Vater und mehrere Kinder brutal ermordet hatte.

Später stellte sich heraus, dass ich mit meiner anfänglichen Vermutung richtig lag. Der Freund von Franz hatte zu tief in die Caña-Flasche geschaut (das war Zuckerrohrschnaps) und den Ford Cuatro zu Schrott gefahren. Alkohol war unter den Siedlern verpönt, das Gesöff galt als Sünde, weshalb die Männer, wenn sie in den Süden fuhren und nicht mehr der Kontrolle der Siedlung unterstanden, ihren großen Schnaps und Bierdurst stillten. Alkohol am Steuer war im Land nicht tabu – was sollte auch großartig passieren: Andere Fahrer konnte man nicht in Gefahr bringen, man begegnete zu selten einem. Die Unfallgefahr war recht gering, denn Tempo konnte man mit den Lkws nicht machen. Aber wenn man mit Vollgas gegen einen Quebracho fuhr, dann war das Fahrzeug solange außer Betrieb, bis sich eines Tages wieder ein Siedler seiner erbarmte und es zusammenflickte oder – was bestimmt klüger war – den Eisenhaufen zum Ausschlachten benutzte.

Franz saß also im Süden fest, das Auto war kaputt, der Fahrer betrunken! Was sollte er tun? Es gab keine Möglichkeit, mir eine Nachricht zukommen zu lassen. Franz machte das einzig Richtige, indem er auf die Hilfsbereitschaft der Paraguayer setzte, der Rancheros (Kleinlandbesitzer), die seine Kunden waren und mit denen er schon so manches Geschäft abgeschlossen hatte. Der erste kleine Ranchero, an dessen Tür er klopfte, lieh ihm ein Pferd. Franz stieg in den Sattel und ritt, bis er und das Pferd nicht mehr konnten. Dann stieg er beim nächsten Ranchero ab, bat um ein Essen, ruhte sich ein paar Stunden aus und bestieg ein neues Pferd.

Der Tag wurde zur Nacht, die Nacht zum Tag. Er trabte und galoppierte, ritt und ritt. Keiner der kleinen Viehzüchter ließ ihn im Stich, und so kam er eines Nachts in Steinfeld an – „rechtzeitig", wie er grinsend behauptete. Ihm blieben noch vierundzwanzig Stunden, um sich auf den besonderen Tag vorzubereiten.

Es wurde eine schöne Verlobung! Franz hatte zwei Goldringe für uns gekauft. Außerdem bekam ich von ihm noch ein großformatiges Porträtfoto. Es steht immer noch auf dem Bücherschrank in meinem Wohnzimmer.

*Einige Jahre nach unserer Hochzeit, aufgenommen in einem
Fotoatelier in Asunción*

Ausklang

Unsere Hochzeit feierten wir mit hundert geladenen Gästen am 3. November 1956. Die Jugendlichen des Dorfes und unsere Freunde richteten die Scheune unseres neuen Hofes für die Feier her. Vor dem Predigerpult platzierten sie den Hochzeitsbogen aus Immergrün, darunter stellten sie die Stühle für das Hochzeitspaar. Geschmückt wurde der Raum außerdem mit Girlanden und Grünzeug mit den malvenfarbigen Blüten des Jakarandabaumes. Stühle, Bänke und das Geschirr für den Hochzeitsschmaus wurden aus dem ganzen Dorf herbeigekarrt. Da Franz aus der Nachbarsiedlung stammte und ich lange Zeit in der Kolonie Menno gearbeitet hatte, kamen viele Freunde und Bekannte von weither – das heißt sie mussten viele Stunden Fahrt mit dem Pferdewagen in Kauf nehmen. Sie trafen schon zum Mittagessen ein. Ihnen wurde – auch das war Tradition – Borschtsch serviert.

Um fünfzehn Uhr begann die eigentliche Trauung. Prediger Rempel, der aus meinem Heimatdorf Einlage stammte, hielt die Predigt. Prediger Ediger, Leiter der Brüdergemeinde in Neuland, traute uns. Unser Freund Peter Friesen aus Hohenau musizierte mit seiner Gruppe, ein Chor trug Lieder vor.

Zum Hochzeitsessen gab es weiße und dunkle Plätzchen und den sogenannten Riebelplautz (typischer mennonitischer Streuselkuchen). Gegessen wurde in mehreren Schichten, denn so viel Platz für alle hatten wir in der Scheune nicht. Die Menschen nutzten die Zeit dazwischen, um sich vieles zu erzählen. Sie waren ja aus allen Richtungen gekommen und hatten viel zu berichten. So verging der Nachmittag. Am Abend gab es Gesellschaftsspiele. Zum Schluss wurden die vielen Übernachtungsgäste noch einmal mit einem Abendessen bewirtet.

Unsere Hochzeit

*Mit meiner Freundin
Elli kurz vor oder nach
meiner Hochzeit*

Unser Haus in Neu-Halbstadt: rechts das erste aus Lehm-
ziegeln, links das neuere aus gebrannten Ziegelsteinen

Unsere Familie in den 1970er-Jahren mit unseren Kindern
Horst, Emmy-Maria und Monika (von links nach rechts)

Die Hochzeit bedeutete den Anfang einer Zeit, in der ein Mann einen Teil der Verantwortung für meine Familie auf seine starken Schultern übernahm. Ein starker Mann, der uns seine Liebe schenkte, hatte uns schon so lange gefehlt. Leider starb meine Mutter bald darauf an Herzversagen.

Wir beschlossen, den Hof in Steinfeld aufzugeben, es war eine Kapitulation vor den Ameisen. Viele waren schon ausgewandert, mit unserem Wegzug starb das Dorf.

Wir kauften ein schönes, großes Haus in Neu-Halbstadt, dem Zentrum von Neuland. Mein Bruder und mein Schwiegervater zogen zu uns – keine besonders glücklichen Bedingungen für die ersten Ehejahre, aber es war uns selbstverständlich, dass wir sie versorgten. Unsere Kinder wurden geboren – Horst, Monika, Emmy Maria. Wir betrieben Landwirtschaft, pflanzten Baumwolle und Erdnüsse, gründeten einen Laden, bauten unsere kleine Estancia aus und brachten es zu bescheidenem Wohlstand. Der Chaco gab uns zurück, was wir in ihn hineinsteckten.

Bevor Franz krank wurde, baute er für mich und sich ein neues Haus etwa zweihundert Meter neben unserem alten Haus. Dort lebe ich seit einiger Zeit alleine. Mein Sohn Horst ist mit seiner Familie in Deutschland, aber meine beiden Töchter sind in der Nähe geblieben. Monika wohnt mit ihrem Mann Hans und Söhnchen Alexander etwa zwei Kilometer entfernt. Emmy mit ihrem Mann Heinz und den Mädchen Sonia und Lilian wohnen in Rufweite – in unserem Familienhaus, in dem meine drei Kinder aufgewachsen sind.

Mein Bruder Peter fehlt mir sehr. Seine letzten Tage verbrachte er in einem Altenheim, das nur ein paar hundert Meter entfernt liegt. Mit seinem frohen Wesen war er vielen Alten, die nicht mehr viel vom Leben hatten, ein Segen. Dann erkrankte er an der Leber und starb plötzlich. Ich freue mich darauf, ihn bald im Himmel wiederzusehen. Eine Freundin tröstete mich: „Peter hat es jetzt gut. Seine Behinderungen sind mit einem Schlag weg."

Das Thermometer zeigt 41 Grad. Unerträglich. Ich habe die Tür zum Schlafzimmer offen stehen, wo die Klimaanlage leise surrt. Die kühle Luft weht zu mir herüber und macht das Leben erträglich. In nordöstlicher Richtung drehen die Aasgeier ihre unendlichen Runden. Hinter dem Stacheldrahtzaun ist ein Kalb verendet, hat mir mein Mitarbeiter Francisco gerade mitgeteilt. Francisco gehört dem Stamm der Enlhet an, die gemeinhin „Lenguas" genannt werden. Schon sein Großvater hatte zu unserer Familie sehr enge Beziehungen. Nicht von ungefähr trägt sein Enkel diesen Namen. „Francisco" – Franz, wie mein Mann, den sie sehr verehrten. Franz hat mir eine Rinderfarm mit 150 Kühen überlassen. Davon kann ich gut leben. Wenn ich gen Osten sehe, kann ich so weit schauen, wie ich will, alles ist mein Land, meine Altersversorgung.

Der Chaco ist so anders als die Ukraine. Landschaftlich war die Ukraine wundervoll, politisch eine Katastrophe. Deshalb bin ich hier gelandet, nach einer mehrjährigen Flucht durch die russischen Weiten, durch deutsche Fluren und Städte, mit einem Ozeanriesen bis nach Südamerika, immer auf der Flucht vor den Kommunisten, bis ich schließlich – wie mehrere Tausend andere Mennoniten – hier im paraguayischen Chaco angekommen bin. Mehr zufällig als freiwillig.

Aber heute liebe ich dieses Land. Es ist meine Heimat geworden. Jetzt wollte ich noch einmal gegen das Vergessen anschreiben, wollte längst Vergessenes und Verdrängtes, Schönes und Unangenehmes aus den Tiefen meines Gedächtnisses holen. Damit meine Kinder wissen, welches ihre Wurzeln sind.

Ich stehe auf der Veranda und blicke in den Westen, durch die Bäume hindurch, über die Büffelgrasweiden und grasenden Rinder hinweg, auf den violett-rot-gelb leuchtenden Horizont. Die Sonne geht unter. Über der Siedlung liegt ein dichter Staubschleier. Ein Tag geht zu Ende.

Mit meinen Enkelinnen Sonia (links) und Lilian

Auf meiner Farm

Charlotte Hofmann-Hege

Alles kann ein Herz ertragen

Die weite Lebensreise
der Elisabeth Thiessen

192 Seiten, Taschenbuch,
ISBN 978-3-7655-3963-3

Elisabeth, ein fünfzehnjähriges, unbeschwert-fröhliches Mädchen, reist im Frühjahr 1912 mit der Familie ihres Onkels nach Russland. „Es ist ein wunderbares Land", schreibt sie in ihrem ersten Brief – nicht ahnend, dass sie ihre Heimat erst nach 55 Jahren wiedersehen sollte. Sie wird ein Opfer der politischen Umwälzungen in Russland, muss unter anderem mehr als dreißig Jahre in sibirischer Verbannung leben.

BRUNNEN VERLAG GIESSEN
www.brunnen-verlag.de